한경MOOK 한경MOOK는 빠르게 변화하는 사회 흐름에 발맞춰 시시각각 현상을 분석하고 새로운 대안과 인사이트를 제시하기 위한 무크 형태 단행본을 발행하는 한국경제신문사의 새 브랜드입니다.

한경 MOOK

광장 변호사들이 알려주는
궁금한 중대재해처벌법

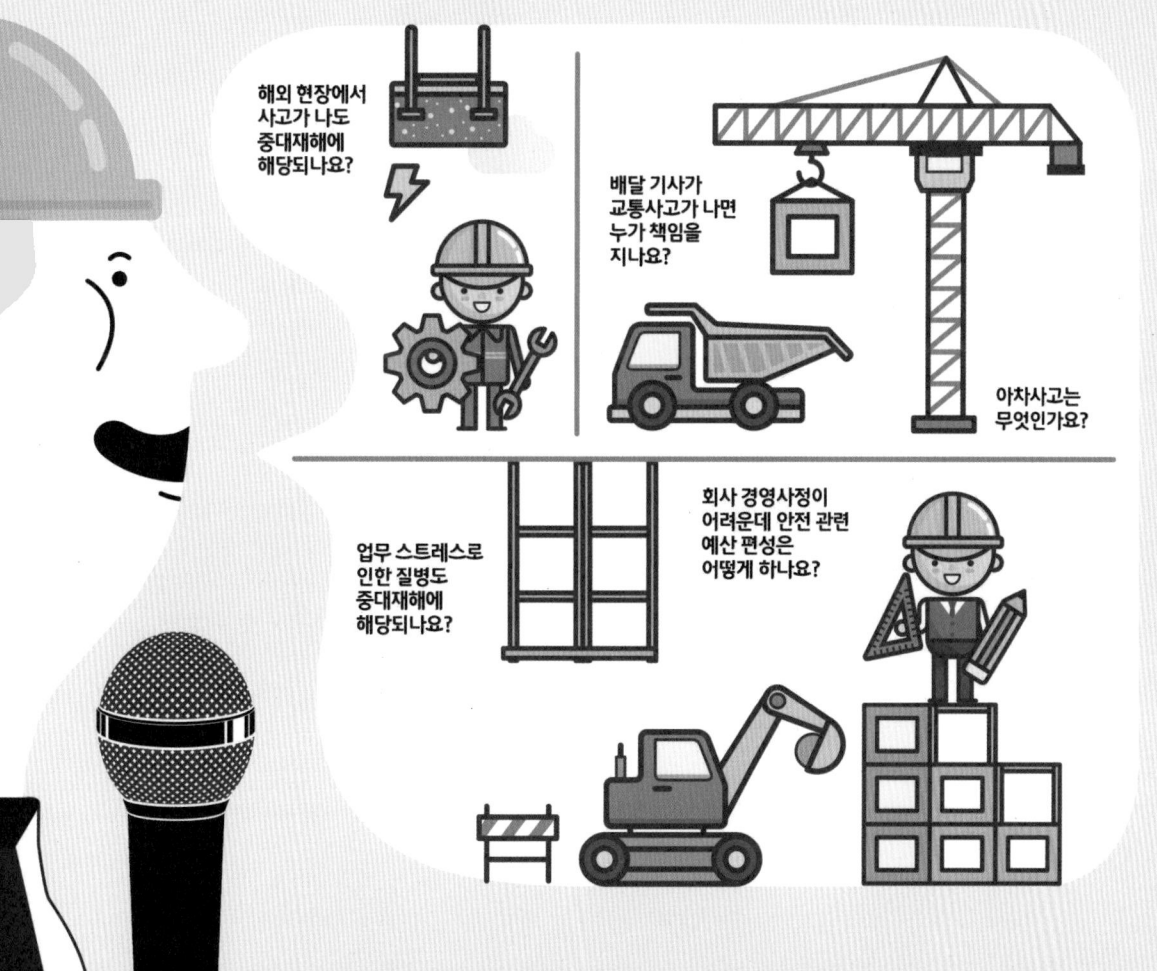

PROLOGUE

논란의 중대재해처벌법

한국은 과거 성수대교와 삼풍백화점 붕괴 사고 등 대형 재난을 여러 차례 겪어왔습니다. 이 과정에서 사고 예방을 위해 많은 사회비용을 투입했고, 관련 제도도 정비했습니다. 그 결과 국내 재해사고 비율은 20년 전에 비해 절반 수준으로 감소했지만, 주요 OECD 선진국과 비교하면 여전히 산업재해 사망사고 발생률이 높은 상황입니다. 특히 세월호 참사, 가습기 살균제 피해, 구의역 스크린도어 사망사고, 태안 석탄화력발전소 사망사고, 이천 물류센터 화재 참사 등과 같은 심각한 산업재해가 최근까지 이어지면서 기존 안전 시스템의 개선을 넘어 근본적 해결책이 필요하다는 지적이 제기됐습니다.

중대재해 처벌 등에 관한 법률(이하 중대재해처벌법)은 이러한 요구를 반영해 등장한 법입니다. 기존 산업안전보건법 체계에서는 주로 현장에 상주하는 안전보건관리자를 대상으로 일반적 수준의 제재를 가했습니다. 중대재해처벌법 체계하에서는 기업의 최고경영자에게 경영상 안전보건 관련 의무를 부과합니다. 그리고 사고 발생 시 사업 대표자를 무겁게 처벌하고 징벌적 손해배상책임을 질 수 있도록 하고 있습니다. 현장 사고에 대해 사업 전체의 대표자를 처벌하는 것이 타당한 일인지, 대표이사를 처벌함으로써 현장 안전보건관리시스템의 혁신적 향상을 가져올 수 있는지 등에 대해서는 비판적 의견도 적잖이 존재합니다. 다만 재해사고 예방 및 감소라는 사회적 요구를 반영해 제정한 법률인 만큼 국내 안전보건체계가 혁신적으로 발전하는 계기가 되기를 기대합니다.

본 해설서에서는 중대재해처벌법의 주요 개념과 논란을 소개하고, 실제 사례를 통해 중대재해처벌법에서 문제가 되는 부분을 알아보고자 합니다. 구체적 내용을 설명하기에 앞서 중대재해처벌법을 둘러싼 전반적인 쟁점을 살펴보면 다음과 같습니다.

우선 중대재해처벌법은 일반적 사고가 아닌 '중대재해'에 적용하는 법입니다. 중대재해에는 사망자 발생과 같은 명확한 경우도 포함되지만, 동일한 사고로 6개월 이상 치료가 필요한 부상자 2명 이상이 발생한 경우, 동일한 유해 요인으로 인한 직업성 질병자가 1년 이내에 3명 이상 발생한 경우와 같이 해석이 필요한 개념도 있습니다. 동일한 사고로 인한 부상인지, 6개월 이상의 치료 기간은 어떻게 계산할 것인지, 무한정 확장될 수 있는 후속 요양 기간을 포함할 것인지, 직업성 질병이 발생한 시점은 어떻게 산정할 것인지 등 다양한 논란이 존재합니다. 전문의 소견 등에 따라 실무상 해결이 가능할 것으로 예상되지만, 해석 여하에 따라 법 적용 자체가 달라지므로 논란이 불가피합니다.

또한 중대재해처벌법은 사업 대표자를 처벌하는 법입니다. 주로 기업의 대표이사나 공공기관의 장 등이

by_ **법무법인 광장** 산업안전·중대재해팀

해당합니다. 대표이사와 별도로 기업 오너가 실질적으로 기업을 운영하는 경우, 여러 명의 대표이사가 있는 경우, 또는 사업 전체의 안전보건 업무를 총괄하는 임원이 별도로 존재하는 경우 등에 따라 실제 처벌 대상을 누구로 하느냐를 두고 상당한 논란이 있을 수밖에 없습니다. 당초 법률안 심사 단계에서부터 논란이 된 만큼 향후 실제 법 집행 과정에서도 치열한 공방이 있을 것으로 예상됩니다.

아울러 중대재해처벌법은 도급인의 책임의 범위를 '실질적 지배·운영·관리 책임'이 인정되는 시설, 장비, 장소 등으로 책임을 한정합니다. 건설공사 근로자가 자투리 시간에 부업으로 다른 현장의 리모델링 업무도 하는 경우 리모델링 공사 중 사고가 발생하더라도 본래 건설 회사 대표에게는 책임을 묻지 않겠다는 것입니다. 그러나 현대사회는 수많은 경제주체의 상호작용을 통해 사회가 운영되므로 도대체 누가 실질적 지배·운영·관리 책임을 지는지 간명하게 판단하기 어렵습니다. 예컨대, 시설 보수공사를 맡긴 경우 공사를 맡긴 사람이 '갑'의 지위에서 시공 현장을 지배하는지, 일을 맡은 전문 시공사가 전문가로서 현장을 지배하는 것인지 해석이 분분합니다. 고용노동부에서도 이러한 논란을 인식해 "중대산업재해 발생 원인을 살펴 해당 시설이나 장비 그리고 장소에 관한 소유권 임차권 그 밖에 사실상의 지배력을 가지고 있어 위험에 대한 제어 능력이 있다고 볼 수 있는 경우를 의미한다"라고 풀어서 설명하고 있으나, 결국 개별 사안에 따라 판단할 수밖에 없기에 여전히 논란이 뜨겁습니다.

한편 중대재해처벌법은 현장에 대한 직접적 안전관리의무를 부여하기보다 기업 본사에 근무하는 사장 등 경영책임자에게 총괄적인 경영관리상 의무를 부여하는 법입니다. 서울 본사에 출근하는 기업 대표자가 상시적으로 전국 사업장을 순회하며 직접 현장의 미비점을 개선하도록 조치하는 것은 사실상 불가능하므로, 기업 대표자가 할 수 있는 내용의 의무를 부여한다는 점에서 타당합니다. 안전보건확보의무로 명명된 이러한 의무는 그 내용이 명확한 경우도 있지만 예산편성, 조직 구성, 인력 배치 등에 관한 의무를 필요한 만큼 적절히 수행하도록 하는 등 애매한 부분도 존재해 실제로 의무를 위반한 것인지를 둘러싼 논란도 발생할 수 있습니다.

이 밖에도 중대재해처벌법에 명시하지 않았지만, 사고 발생에 관한 형사책임을 묻기 위해서는 형법상 '인과관계'가 인정돼야 합니다. 중대재해처벌법은 경영관리상 의무를 부여하는 것인데, 본사에서 안전보건 인력을 적게 배치했다거나 안전보건 예산을 충분히 편성하지 않았다고 해서 현장 사고 발생에 인과관계가 있다는 점을 입증하기는 쉽지 않아 보입니다.

물론 중대재해처벌법은 사업 대표자에 대한 무거운 처벌을 예정하고 있는 만큼 실제 사건에서는 개개의 쟁점에 대한 치열한 법리적 다툼이 예상됩니다. 이러한 점은 추후 구체적 실무례가 쌓이면서 좀 더 명확해지겠지만, 앞으로의 시행에 대비해 본 해설서가 중대재해처벌법에 대한 기본적 이해를 제공하고 산업계 전반의 재해사고 예방에 조금이나마 기여할 수 있기를 바랍니다.

CONTENTS

광장 변호사들이 알려주는
궁금한
중대재해처벌법

004 **PROLOGUE**
논란의 중대재해처벌법

: OPENING

008 누구나 적용 대상이 될 수 있는
   중대재해처벌법

010 언제 어디서나 발생할 수 있는
   중대시민재해

012 숫자로 보는 산업재해

014 안전보건관리체계
   셀프 체크리스트

: SECTION 1

018 **ISSUE 1**
   중대재해처벌법 요점 정리

022 **ISSUE 2**
   중대재해처벌법 시행령 공포,
   입법예고와 무엇이 다른가

024 **ISSUE 3**
   중대재해처벌법이
   '한국형 징벌 규제'라고?

026 **ISSUE 4**
   기존 산업안전보건법과는
   어떻게 다를까

028 **ISSUE 5**
   중대재해처벌법 기준과 쟁점

10

: SECTION 2

032 **CASE ①**
   전기차 화재 사고

034 **CASE ②**
   유해 화학물질에 의한 사고

036 **CASE ③**
   선박 안전사고

038 **CASE ④**
   건축물 붕괴 사고

040 **CASE ⑤**
   군대 사고

042 **CASE ⑥**
   화재 사고

044 **CASE ⑦**
   항만 안전사고

046 **CASE ⑧**
   끼임 사고

048 **CASE ⑨**
   감전 사고

050 **CASE ⑩**
   식중독 등 음식물에 의한 사고

:SECTION3

054 **QUESTION ①**
'경영책임자등'은 누구인가요

056 **QUESTION ②**
공장 운영을 전부 도급 준 경우에도
중대재해 책임을 지나요

058 **QUESTION ③**
해외 현장에서 사고가 나도
중대재해에 해당하나요

060 **QUESTION ④**
택배기사 같은 자영업자에게
중대재해가 발생하면
누가 책임지나요

062 **QUESTION ⑤**
임대한 식당에서 중대재해가
발생하면 임대인도 책임을 지나요

064 **QUESTION ⑥**
안전 장구 착용을 거부한
근로자에 대해서도
사업주가 중대재해 책임을 지나요

066 **QUESTION ⑦**
직장 내 괴롭힘으로 근로자가
자살한 경우도 중대재해에
해당하나요

068 **QUESTION ⑧**
출퇴근길 사고도
중대재해에 해당하나요

070 **QUESTION ⑨**
업무 스트레스로 인한 질병도
중대재해에 해당하나요

072 **QUESTION ⑩**
아차사고는 무엇인가요

074 **QUESTION ⑪**
하인리히 법칙과
4M은 무엇인가요

076 **QUESTION ⑫**
공사 시간 연장 요구를 거절한 후
사고가 나면 누가 책임지나요

078 **QUESTION ⑬**
배달 라이더의 교통사고는
누가 책임지나요

080 **QUESTION ⑭**
위험성평가란 무엇인가요

082 **QUESTION ⑮**
공정안전관리제도(PSM)는
무엇인가요

084 **QUESTION ⑯**
안전 작업 허가 없이 작업하다
사고가 나면 발주자가 책임지나요

086 **QUESTION ⑰**
더위 속에서 일하다가 쓰러진 경우
중대재해에 해당하나요

088 **QUESTION ⑱**
도급할 때 수급인의
안전관리능력 평가를
반드시 해야 하나요

090 **QUESTION ⑲**
쇼핑몰에서 점포를 임대하는 경우
안전관리는 어떻게 해야 하나요

092 **QUESTION ⑳**
중대재해가 발생하면
건설공사 발주자도 책임을 지나요

094 **QUESTION ㉑**
수영장에서 사고가 나면
수영장 운영자가 책임지나요

096 **QUESTION ㉒**
신규 점포 인테리어 공사 중
화재 폭발 사고가 나면
점주가 처벌받나요

098 **QUESTION ㉓**
사업장에서 중대재해가 발생하면
어디서 수사를 받나요

100 **QUESTION ㉔**
회사 사정이 어려운데 안전보건
관련 예산편성은 어떻게 하나요

102 **QUESTION ㉕**
사무직 근로자만 있는 회사도
중대재해처벌법을 적용받나요

:EPILOGUE

104 안전보건관리체계 구축, 어떻게 할까

106 안전보건 경영책임자
임명 방법과 효과

108 중대재해처벌법에 따른
손해배상액의 기준은 어떻게 되나

110 안전보건관리체계 가이드

114 중대재해 처벌 등에 관한 법률

122 중대재해 처벌 등에 관한 법률 시행령

140 〈궁금한 중대재해처벌법〉을 만든
스페셜리스트

OPENING

누구나 적용 대상이 될 수 있는 중대재해처벌법

중대재해처벌법은 건설·조선·화학 등 전통 제조업에서 주로 위반 사례가 나올 것이라는 통념과 달리 분야를 가리지 않고 폭넓게 적용될 전망입니다.

by_ 송종현 한국경제신문 지식사회부장

2021년 1월 8일 우여곡절 끝에 국회 본회의를 통과한 중대재해처벌법의 시행이 한 달여 앞으로 다가왔습니다. 그야말로 코앞입니다. 그런데도 경제계와 노동계에선 아직도 이 법을 둘러싼 논쟁이 치열합니다.
경제계에선 기업의 부담 증가, 기업들이 법에 따라 수행해야 할 안전보건조치의 구체성 결여, 과도한 징벌 등에 대한 비판이 여전합니다.
반면 노동계에선 5인 미만 사업장 적용 제외, 50인 미만 사업장 적용 유예 등 처벌예외 규정의 삭제를 요구하고 있습니다. 이러한 비판과 주장에는 모두 각각의 근거와 논리가 있을 것입니다. 어쩌면 애당초 완벽한 법률이라는 건 존재하지 않는 것인지도 모를 일이니까요.
안타까운 점은 우리 기업들이 여전히 이 법을 준수하는 데 난색을 표시하고 있다는 것입니다. 한국경영자총협회와 중소기업중앙회가 50인 이상이 종사하는 314개사를 대상으로 조사해 지난 10월 7일 발표한 '중대재해처벌법 이행 준비 및 애로 사항 기업 실태조사 결과'에 따르면 응답 기업의 66.5%는 시행령에 규정된 경영책임자의 안전 및 보건 확보의무를 법 시행일까지 규정하기 어렵다고 답했습니다.
50인 이상 100인 미만 기업은 77.3%가 "어려울 것"이라고 답했으며, 그 이유에 대해 "의무내용이 불명확해 무엇을 어떻게 해야 할지 모르겠다"는 응답이 가장 많았습니다. 한마디로 법 및 시행령 내용이 너무 모호해 대응 방안을 찾지 못하겠다는 것입니다.
이처럼 기업들이 중대재해처벌법 대응에 여전히 혼선을 겪고 있는 게 실상입니다.
이에 대해 전문가들은 "어찌할 바를 몰라 손 놓고 있다가 중대재해처벌법의 적용 대상이 되는 우를 범하기보다 최악의 상황을 가정해 적극적으로 법 시행에 대비할 필요가 있다"고 조언합니다.
실제로 중대재해처벌법은 건설·조선·화학 등 전통 제조업에서 주로 위반 사례가 나올 것이라는 통념과 달리 분야를 가리지 않고 폭넓게 적용될 것으로 전망됩니다. 한 가지 예를 들어보겠습니다.
A씨는 대형 식품제조가공업체 B사에서 제조·판매하는 도시락을 먹고 경련성 복통과 구토 증상이 며칠간 지속되는 식중독에 걸렸습니다. 식중독 증세는 A씨뿐 아니라 같은 도시락을 사먹은 약 100명에게도 나타나 집단 식중독 사태로 번졌습니다.
조사 결과 집단 식중독의 원인은 B사의 부실한 식자재 관리인 것으로 밝혀졌습니다. 이런 경우 B사는 A씨를 비롯한 소비자에게 집단 식중독 사태와 관련해 중대재해처벌법에 따른 책임을 질까요.

결론부터 얘기하면 그럴 공산이 매우 큽니다. 식품업체가 생산·제조·판매 및 유통 중인 식품 원료나 완제품의 제조·관리상 결함으로 소비자에게 '중대시민재해'에 해당하는 식품안전 사고가 발생한 경우 필요한 조치를 적절히 취하지 않았다면 사업주·경영책임자등이 처벌될 수 있다는 것입니다.

또 다른 예를 들어볼까요. 점포 인테리어 공사 중 화재 또는 폭발로 해당 점포의 종사자가 사망하거나 부상을 입으면 이 또한 중대산업재해에 해당할 수 있습니다.

만약 사고 피해자가 점포의 종사자가 아니라 시설의 이용자 또는 일반 시민이라면 중대시민재해에 해당하겠지요. 중대산업재해와 중대시민재해 모두 점주에게 안전 및 보건 확보의무 위반이 인정될 경우 중대재해처벌법에 따른 처벌을 받을 가능성이 높습니다.

그런데 인테리어 공사의 경우 점주 또는 근로자가 공사를 직접 실시하기보다는 공사를 도급·위탁해 전문 업체에서 공사를 하는 경우가 많습니다. 그렇다면 점포 주인이 공사를 도급·위탁했는데, 중대재해가 발생할 때 이에 대한 책임을 져야 할까요.

중대재해처벌법은 사업주등이 공사를 다른 사람에게 도급·위탁했더라도 그 시설, 장비, 장소 등에 대해 실질적으로 지배·운영·관리하는 책임이 있는 경우 안전 및 보건 확보의무가 있는 것으로 정하고 있습니다. 도

point ❶
기업 경영의
중대 변수가 될
중대재해처벌법
2022년 1월 27일 시행

point ❷
중대재해처벌법이
정하고 있는
필수 이행 사항
꼼꼼히 점검해야

급·위탁을 핑계로 중대재해처벌법에 따른 처벌을 피하기 어렵다는 얘기입니다. 결국 이 같은 사례는 기업의 최고경영자(CEO)나 최고안전책임자(CSO)뿐 아니라 일반인도 중대재해처벌법을 피하기 어려운 처지에 직면할 수 있음을 잘 보여줍니다.

이렇듯 파괴력이 큰 법이 조금 더 깊이 있는 사회적 논의의 과정을 거쳤으면 하는 아쉬움이 여전히 남는 것도 사실입니다. 하지만 분명한 점은 이제 법 시행을 되돌릴 수 없다는 것입니다.

지금은 기업 경영자들이 법과 시행령의 모호성을 탓하기보다 중대재해처벌법이 정하고 있는 필수 이행 사항 등을 꼼꼼히 점검해 보다 적극적으로 대응에 나서야 할 시점이 아닐까 생각합니다.

중대재해처벌법이 요구된 배경에 역설적으로 '노동자들의 죽음을 법만으로는 해결하지 못한다'는 인식이 자리 잡고 있다는 사실을 이번 기회에 되새겨보는 것은 어떨까요.

중대재해처벌법 시행을 조직 전반의 안전의식 제고로 승화시키는 계기로 삼을 수 있다면, 우리 사회가 또 한 단계 업그레이드하는 좋은 기회가 될 수 있습니다. 국내 굴지의 로펌인 광장과 함께한 이 책이 그 길잡이 역할을 톡톡히 해줄 것입니다.

OPENING

언제 어디서나 발생할 수 있는 중대시민재해

: 여러 논란에도 불구하고 중대재해처벌법 시행일자가 확정된 만큼 선제적으로 관련 체계를 점검하고 인력과 예산을 확보해야 한다.

by_ 최진석 한국경제신문 지식사회부 법조팀장

중대재해처벌법은 부칙을 제외하면 총 16개 조문으로 구성돼 있습니다. 산업안전보건법이 175개 조문으로 이뤄진 것과 비교하면 상대적으로 내용이 적다는 걸 알 수 있습니다. 그럼에도 중대재해처벌법이 높은 관심을 받는 이유는 두 가지입니다. 무엇보다 강한 처벌 규정을 담고 있고, 그 범위가 매우 넓기 때문입니다.

중대재해처벌법의 범위는 중대산업재해와 중대시민재해 두 가지로 나뉩니다. 산업계는 물론 언론에서도 이 둘 중 중대산업재해에 더 많은 관심을 갖고 있습니다. 하지만 적지 않은 전문가가 중대산업재해 못지않게 중대시민재해를 눈여겨봐야 한다고 지적합니다. 중대시민재해는 발생할 수 있는 범위도 더 넓고, 언제든 누구에게나 발생할 수 있습니다. 예측 가능성이 낮기 때문에 사업주, 경영책임자 입장에서 대응하기가 어려울 수밖에 없다는 것입니다.

중대재해처벌법상 중대시민재해에는 '공중이용시설 또는 공중교통수단의 설계·제조·설치·관리상의 결함을 원인으로해 발생한 재해'를 가리키는 말입니다. 예를 들어 폭우가 쏟아져 도로나 다리가 유실됐을 때 적극적 조치를 취하지 못해 이를 건너던 시민이 사망했다면 중대시민재해에 해당할 수 있습니다. 이 도로가 지방도로고, 관리주체가 지자체장이라면 중대재해처벌법에 따라 처벌받을 수 있는 것입니다. 또 구청과 같은 공공기관 건물에 방문한 시민이 엘리베이터 등에서 사고가 나면, 건물의 관리책임자가 구청장일 경우 책임을 져야 할 수 있습니다.

지하철·철도 운행 중에 인명 사고가 발생한 경우에도 해당 기관장이 처벌받을 가능성이 있습니다. 이 밖에 일정 규모 이상의 지하상가와 버스터미널, 공항, 도서관, 박물관, 미술관, 병원, 요양시설, 어린이집, 백화점, 공연장도 '공중이용시설'로 폭넓게 규정하고 있습니다. 방파제와 댐, 종교시설 등도 해당합니다. 이곳에서 1명 이상 사망, 10명 이상의 6개월 이상 치료가 필요한 부상, 동일한 원인으로 10명 이상에게서 3개월 이상 치료가 필요한 질병이 발생할 경우 해당 경영책임자 등은 중대시민재해로 처벌받을 수 있습니다. 과거에 발생한 '삼풍백화점 붕괴사고', '성수대교 붕괴사고' 등도 중대시민재해에 해당할 수 있는 사례입니다.

처벌 대상에 중앙행정기관과 지자체, 공기업, 공공기관의 장도 경영책임자 등에 포함해 처벌 대상으로 규정하고 있습니다. 공공기관이 발주한 건설공사 과정에서 시민 피해가 발생했을 때 실질적 지배 관리 여부에 따라 해당 공공기관의 장도 처벌받을 수 있습니다. 지자체장은 산업재해와 시민재해까지 사실상 모든 재해에 대한 책임에 노출돼 있다고 해도 과언이 아닙니다. 중대재해로 시장·군수·도지사 등이 처벌을 받으면 행정 공백이 불가피합니다.

그뿐 아니라 의약품과 화학제품 부문에서도 중대시민재해가 발생할 수 있습니다. 중대시민재해에 '특정 원료 또는 제조물로 인해 발생한 재해'도 해당하기 때문입니다. 인체에 유해한 가습기 살균제로 인해 장기간에 걸쳐 수많은 인명 피해가 발생한 '가습기 살균제 사건'이 대표적 사례입니다. 이를 두고 이중 처벌에 대한 논란도 있습니다. 의약품의 경우 이미 식품의약품안전처와 약사법 내에서 원료 점검과 관리를 해오고 있는데, 중대시민재해까지 적용한다면 중복 처벌이 될 수 있다는 주장입니다. 한국제약바이오협회에 따르면 229개 회원사 중 87%에 달하는 171개사가 중대재해처벌법 시행 시 영향을 받을 것으로 추산됩니다. 이들 기업은 2022년 1월 27일부터 시행하는 중대재해처벌법 적용 대상인 상시 근로자 50인 이상 사업장입니다.

'특정 원료 또는 제조물'에는 의약품만 해당하는 게 아닙니다. 예를 들어 햄버거 같은 식품도 대상이 될 수 있습니다. 과거 미국에서 덜 익힌 고기 패티가 들어간 햄버거를 먹고 병에 걸렸다고 해서 이름 붙은 이른바 '햄버거병'은 최근 국내에서도 논란이 된 적이 있습니다. 이와 같은 경우 식품 원료에 대한 관리상의 결함 등이 입증된다면 해당 업체의 사업주 또는 경영

삼풍백화점 붕괴 잔해 철거 작업 모습.
연합뉴스

point ❶
가습기 살균제,
삼풍백화점 붕괴 사고가
우리에게 말해주는 것들

point ❷
중대시민재해,
산업재해보다
많이 발생할 가능성

point ❸
기업은 물론 지자체,
공공기관도 빈틈없는
안전보건체계 구축해야

책임자등은 중대시민재해로 처벌받을 수 있습니다.

중대시민재해를 두고 그 범위와 대상의 경계가 모호하다는 지적은 꾸준히 제기되고 있습니다. 과잉 규제, 이중 처벌 논란이 있는 것도 사실입니다. "전 산업에 걸쳐 중대시민재해에서 자유로울 수 없다"는 해석이 나오는 것도 무리는 아닙니다. 또 중대재해처벌법 시행에 대한 공공 부문의 대비는 민간 기업에 비해 미진한 것 아니냐는 우려도 나오는 상황입니다. 법 시행 일자가 확정된 만큼 각종 논란과 우려에도 불구하고 선제적으로 관련 체계를 점검하고 인력과 예산을 확보하는 등 이행 준비에 만전을 기해야 하겠습니다.

전문가들은 중대재해가 발생한다고 해서 경영책임자등이 반드시 무거운 처벌을 받는 것은 아니라고 입을 모읍니다. 실제로 지자체장 한 사람이 관할 지역 내 모든 도로와 교량 등의 시설을 하나하나 관리하는 것은 물리적으로 불가능합니다. 중대재해처벌법의 핵심은 사고 발생 시 처벌이 아니라, 사고가 발생하지 않도록 사전에 관련 규정을 정비하고 계획을 세워 경영에 반영하라는 것입니다.

이런 조치를 취하지 않은 상황에서 중대재해가 발생했다면 그 책임을 묻겠다는 것입니다. 보다 확실하고 빈틈없는 안전보건관리체계 구축을 요구하는 중대재해처벌법의 취지를 명확히 이해하고 그에 대비해야 할 것입니다. 이 책이 든든한 조력자가 되리라 확신합니다.

숫자로 보는 산업재해

: 산업재해로 인한 노동자 사망사고 소식이 심심찮게 들려옵니다. 지난해 산업재해 현황을 숫자로 정리했습니다.

2,062명

2020년 산업재해 사망자 수는 전년 대비 **42명(2.1%)** 증가한 **2,062명**으로 집계됐습니다. 사고 사망자 수는 **882명**, 질병 사망자 수는 **1,180명**을 기록했습니다.

지난해 재해자 수는 **108,379명**으로 전년 대비 **863명** 감소했습니다. 이 가운데 사고 재해자 수는 **92,383명**으로 전년 대비 **1,664명** 줄어든 반면, 질병 재해자 수는 **15,996명**으로 전년 대비 **801명** 늘었습니다.

108,379명

질병 사망자는 광업에서 416명(35.3%)으로 가장 많이 발생했습니다.

35.3%

사고재해는 넘어짐 **20,659명(19.1%)**, 추락 **14,406명(13.3%)**, 끼임 **12,894명(11.9%)** 절단·베임·찔림 **10,374명(9.6%)**, 부딪힘 **7,503명(6.9%)** 순으로 많이 발생했습니다.

19.1%

35명

특히 화재·폭발·파열 사고 사망자 수가 **35명**으로 전년보다 늘었습니다. 물체에 맞은 사고, 교통사고, 붕괴 사고가 전년 대비 증가한 것으로 나타났습니다.

39.2%

질병 사망자의 질병 유형별로는 뇌심질환이 **463명(39.2%)**으로 가장 많았고 진폐 **412명(34.9%)**, 직업성 암 **162명(13.7%)** 순으로 많았습니다.

37.2%

사고 사망자의 재해 유형별로는 추락 사고가 **328명(37.2%)**으로 가장 많았습니다.
이어 끼임 **98명(11.1%)**, 부딪힘 **72명(8.2%)**, 화재·폭발 **72명(8.2%)** 순으로 집계됐습니다.

32.8%

질병재해는 업무상 질병 **5,252명(32.8%)**, 요통 **4,177명(26.1%)**, 난청 **2,711명(16.9%)** 순으로 많이 발생했습니다.

51.9%

사고 사망자는 건설업에서 **458명(51.9%)**으로 가장 많이 발생했습니다. 반면 광업, 제조업 등에서는 사망 사고자가 소폭 감소했습니다.

자료: 고용노동부

안전보건관리체계 셀프 체크리스트

중대재해처벌법은 기업이 보다 나은 안전보건관리시스템을 구축해 종사자의 중대산업재해를 예방하도록 하는 데 목적이 있습니다. 자가 진단을 통해 사업장의 안전보건관리 수준을 파악하고 보완점을 모색해보세요.

※자가 진단 항목은 기본적인 안전보건 조치로 구성.
자료 : 고용노동부

Common

☐ 안전보건 확보가 주요 경영방침 중 하나라는 사실을 대부분의 근로자가 알고 있다.

☐ 공장장, 부서장 등 주요 관리자는 안전보건 업무가 본인의 업무라는 사실을 알고 있다.

☐ 산업재해가 발생할 급박한 위험이 있는 경우 근로자가 작업을 중지하고 대피할 수 있음을 알고 있다.

☐ 안전보건관리 규정 등 작업 절차와 구성원의 책임과 권한을 정한 규정을 정기적으로 업데이트한다.

☐ 안전보건 문제에 관해 근로자가 자유롭게 의견을 제시하거나 신고할 수 있는 절차를 운영한다.

☐ 사업장 내 위험 기계·기구, 유해·위험 화학물질, 위험 장소 등에 대한 리스트를 관리한다.

☐ 사업장에서 발생할 수 있는 재해 시나리오와 이에 대한 대응 방안을 1개 이상 작성한다.

☐ 도급·용역·위탁 업체 선정 시 수급인 등의 안전보건 수준을 고려해 선정하는 절차가 있다.

☐ 분기별로 근로자 안전보건교육을 실시한다.

☐ 산업안전보건법 등 안전 및 보건 관련 법령의 준수 여부를 주기적으로 확인한다.

Manufacturing Industry

- ☐ 위험 기계·기구를 구매하는 경우 안전성 (안전인증, 자율안전 확인신고 등)이 확보된 제품인지 확인한다.
- ☐ 위험 기계·기구를 취급하는 근로자의 안전을 위한 표준 작업 절차를 가지고 있다.
- ☐ 모든 위험 기계·기구에 덮개 등 방호 장치가 설치돼 있고, 관리자의 승인 없이 임의로 해체할 수 없다.
- ☐ 위험 기계·기구 정비 시 운전을 중단하고 가동 잠금장치 또는 표지판을 설치한다.
- ☐ 화학물질 도입 시 물질안전보건자료(MSDS)를 확인하고 대책을 마련하며, 근로자와 공유한다.
- ☐ 화재·폭발·누출 및 질식 위험 장소에 대한 관리 방안을 수립하고 있다.
- ☐ 정기적으로 '작업 환경 측정'을 실시한다.
- ☐ 유해 인자에 노출되는 업무에 종사하는 근로자는 특수 건강진단을 받는다.
- ☐ 고객 폭언, 직장 내 괴롭힘 등으로 정신적 고통을 받은 근로자를 위한 신고·상담 절차를 운영한다.
- ☐ 모든 근로자가 개인 보호구(방독·송기마스크, 보안경, 안전모·안전대·안전화 등) 사용 방법을 숙지하고 올바르게 착용한다.

Construction Industry

- ☐ 추락 위험이 있는 모든 장소에 안전 난간, 덮개, 추락 방호망 등 추락 방지 설비를 설치한다.
- ☐ 강관비계가 아닌 시스템비계를 설치한다.
- ☐ '작업 전 안전미팅 활동(TBM)' 등을 통해 작업 전 모든 근로자에게 안전조치를 주지한다.
- ☐ 현장에 건설 기계 등이 입고될 경우 적정한 방호 조치의 설치·작동 여부를 확인하는 장비 입고 절차를 두고 있다.
- ☐ 타워크레인 설치·조립·해체 작업, 차량계 하역 운반 기계, 차량계 건설 기계 사용 작업, 높이 2m 이상의 굴착 작업, 중량물 취급 작업 시 작업 계획서를 작성한다.
- ☐ 설계도·조립도와 달리 시공해야 하는 상황이 생겼을 때 안전성을 검토하는 별도의 절차가 있다.
- ☐ 안전보건 문제에 관한 논의 시 수급인의 의견도 반영할 수 있는 절차를 운영한다.
- ☐ 수급인과 함께 정기적으로 안전점검을 실시하고 문제점을 개선한다.
- ☐ 산업안전보건관리비를 충분히 확보해 목적에 맞게 사용하고 내역서를 관리한다.
- ☐ 모든 근로자가 개인 보호구(안전모, 안전대, 안전화 등) 사용 방법을 숙지하고 올바르게 착용한다.

SECTION 1

STATISTICS

산업재해 사망자 수와 사망률

근로자 1만 명당 산재사망률

1.09명

2020년 산업재해 사망자 수는 2,062명으로 집계됐습니다. 산재사망률은 2003년 근로자 1만 명당 2.55명에서 꾸준히 감소해 2010년 1.36명, 2020년에는 1.09명으로 낮아졌지만 한국의 산재사망률은 다른 선진국에 비해 여전히 높은 수준입니다.

START | 1.36 | 2,062 |

36.6

29.9

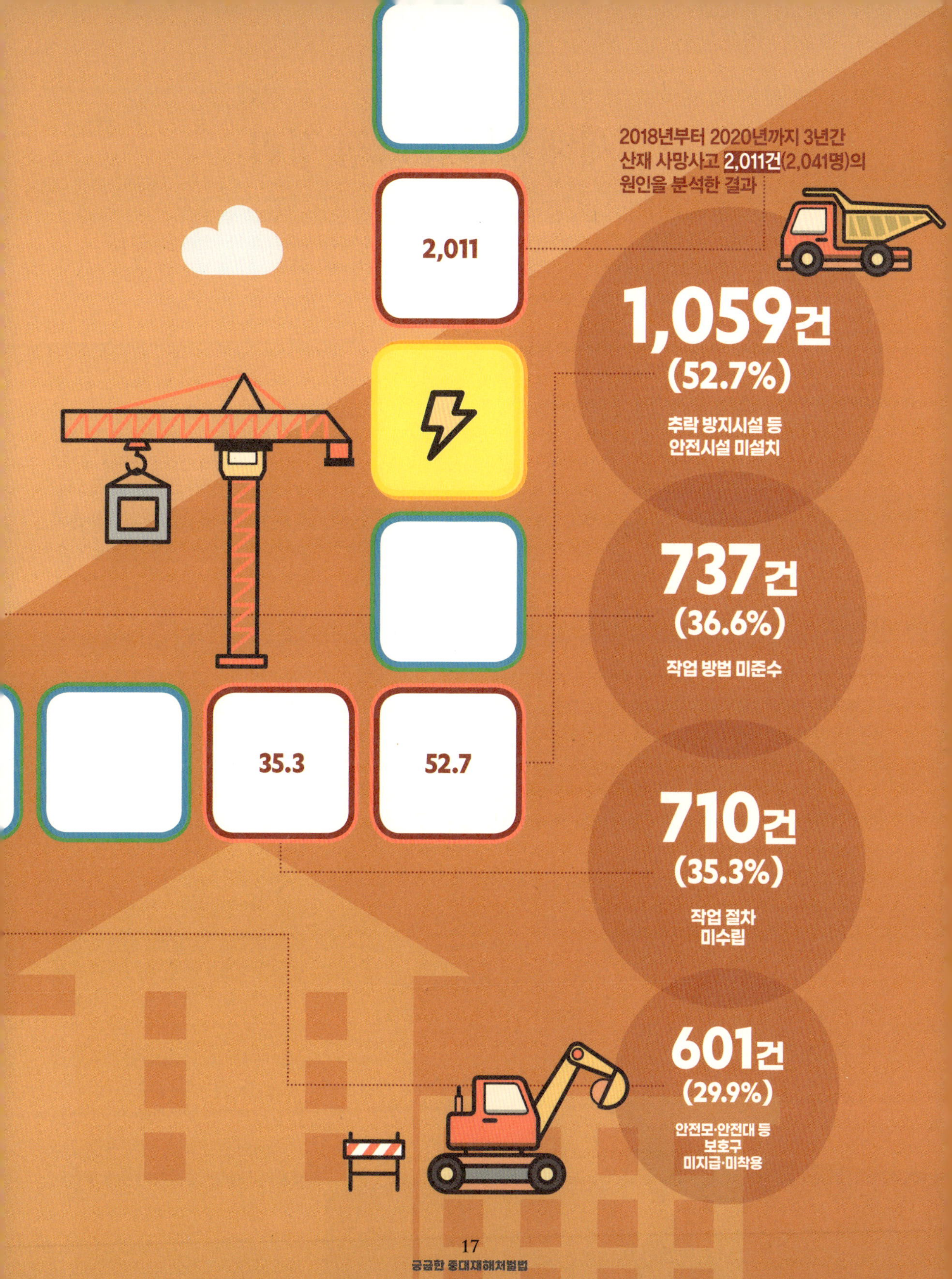

2018년부터 2020년까지 3년간 산재 사망사고 2,011건(2,041명)의 원인을 분석한 결과

1,059건
(52.7%)
추락 방지시설 등 안전시설 미설치

737건
(36.6%)
작업 방법 미준수

710건
(35.3%)
작업 절차 미수립

601건
(29.9%)
안전모·안전대 등 보호구 미지급·미착용

중대재해처벌법 요점 정리

전부개정 산업안전보건법이 국회 본회의를 통과하면서 산업계 등은 크게 긴장하게 됐습니다. 사업주가 보호해야 하는 대상을 근로자뿐 아니라 노무를 제공하는 자 등으로 확대했기 때문입니다. 중대재해처벌법은 이에 못지 않은 파급을 미칠 것으로 예상됩니다. 중대재해처벌법을 알기 쉽게 정리했습니다.

중대재해처벌법이 발의되기 이전부터 한국 사회에는 보다 강력한 산업재해 예방조치가 필요하다는 목소리가 있었습니다. 특히 2018년 겨울 태안화력발전소에서 이제 막 사회에 첫발을 내디딘 24세의 젊은 근로자가 사망하는 사건이 벌어지자, 산업안전보건법 전부개정안에 핵심 쟁점이던 하청 노동자 산업재해에 대한 원청의 책임성 강화(도급 책임 범위)와 양벌규정(과징금 부과액 상향)을 추가하는 등 법 개정이 급물살을 탔습니다. 사고 발생 약 보름 만인 2018년 12월 27일 사업주의 보호의무를 대대적으로 확대하는 산업안전보건법이 국회 본회의를 통과하면서 2020년 1월 16일 시행된 것입니다.

중대재해처벌법이 산업계에 가져온 충격 못지않게 전부개정 산업안전보건법이 국회 본회의를 통과하면서 산업계 등은 크게 긴장하게 됐습니다. 사업주가 보호해야 하는 대상을 근로자뿐 아니라 노무를 제공하는 자 등으로 확대했기 때문입니다. 특히 종전에는 타인에게 일을 맡기더라도 몇 가지 까다로운 요건이 충족되지 않는 한 이들을 구체적으로 보호해야 할 의무가 인정되지 않았으나, 개정법에서는 위험의 도급금지라는 법 제정 취지에 따라 그 범위를 대폭 확대했습니다.

이에 따라 타인에게 일을 맡긴 사람도 웬만해서는 직접 고용주에게 인정되는 수준으로 현장에 대한 수백 가지 안전보건조치의무를 부담하게 됐습니다.

그러나 이러한 노력이 무색하게 전부개정 산업안전보건법 시행 직후 2020년 4월 29일 이천 물류 창고 신축 공사 현장에서 발생한 화재로 작업자 38명이 사망하는 사고가 발생했고, 바로 다음 달인 2020년 5월 21일에는 용접공이 작업 중 아르곤 가스에 질식해 사망하는 사고가 발생했습니다. '산업재해 발생은 불가항력'이라는 체념도 있지만, OECD 선진국들은 한국보다 근로자 1만 명당 재해 사망자의 비율을 나타내는 사고사망만인율이 매우 낮습니다. 국내에서도 과거에 비해 산업재해 관련 지표의 수치가 상당히 감소한 만큼 분명히 답은 있는 것 같습니다.

다만 전부개정 산업안전보건법만으로도 산업계에서는 엄청난 반발이 있었기 때문에 재차 현장 사업주에게 여러 가지 의무를 더 추가하는 것은 사실상 불가능해 보였습니다. 또 고용주의 의무를 지속적으로 확장하는 경우 근로기준법 등 다른 법체계와 충돌 우려도 있었습니다. 정답이 명확하지는 않았지만, 국내 안전보건관리에 관한 규제 체계의 근본적인 전환이 필요해졌습

123만 명

2000년부터 2019년까지 세계적으로 7,348건의 자연재해가 발생해 123만 명이 사망했다.

니다.

기존 산업안전보건법이 주로 현장에 대한 조치를 규정해 '현장책임자'를 처벌하고 있었다면, 중대재해처벌법은 주로 경영관리상의 조치를 규정해 사업 전체에 대한 '경영책임자'를 처벌하는 데에서 해법을 찾고 있습니다. 즉 안전보건에 관한 제도 개편이 꾸준히 이어져왔음에도 재해가 끊이지 않는 근본적 이유로 기업에 안전보건을 체계적으로 관리하는 시스템이 구축돼 있지 않은 점으로 본 것입니다. 결국 현장 단위의 개선책을 제시하는 데 그쳐서는 안 된다는 점을 지적하고 있습니다.

이에 따라 규정된 내용들에 관해서는 서두에 여러 논란이 있음을 언급한 바 있습니다. 구체적 논란은 추후 살펴보겠습니다. 먼저 중대재해처벌법이 국내 안전보건체계에 혁신을 가져오기 위해 어떠한 내용을 규정하고 있는지 대략적인 내용을 소개하겠습니다.

중대재해처벌법은 그 법의 목적을 나타내는 제1조에서부터 "사업주, 경영책임자, 공무원 및 법인의 처벌 등을 규정함으로써 중대재해를 예방하고 시민과 종사자의 생명과 신체를 보호함을 목적으로 한다"라고 명시했습니다. 경영 책임자에 대한 처벌을 산재 예방과 생명권 보호라는 최종 목표 달성을 위한 방법론으로 보여주고 있는 것입니다.

또한 중대재해처벌법은 처벌 대상이 되는 중대재해를 중대산업재해와 중대시민재해로 구분해 처벌 대상이 되는 재해를 한정하고 있습니다. 사망자

중대재해처벌법 주요내용(2021년 1월 26일 공포)

처벌 대상 및 내용

사업주 및 경영책임자등
- 사망자가 발생한 경우
  '1년 이상의 징역 또는 10억원 이하의 벌금'
- 부상 및 질병이 발생한 경우
  '7년 이하의 징역 또는 1억원 이하의 벌금'

안전 및 보건 확보의무를 위반한 법인이나 기관
- 사망자가 발생한 경우
  50억원 이하의 벌금형
- 부상 및 질병이 발생한 경우
  10억원 이하의 벌금형

적용 범위
- 상시 근로자 5인 이상의 사업(사업장)의 사업주 또는 경영책임자등

손해배상
- 사업주 또는 경영책임자등이 고의 또는 중대한 과실로 안전 및 보건 의무를 위반해 중대재해를 발생하게 한 경우, 손해액의 5배를 넘지 않는 범위 내에서 배상 책임

시행 시기
- 상시 근로자 50인 이상 사업장 공포 후 1년이 경과한 날부터 시행
- 상시 근로자 50인 미만 사업장 공포 후 3년이 경과한 날부터 시행

자료: 고용노동부

가 발생하는 경우는 물론이고 동시다발적 부상이나 질병자가 발생하는 경우를 규정해 무거운 처벌과 형평을 맞추고 있습니다.

아울러 안전보건확보의무를 이행해야 하는 대상을 개인 사업주 또는 경영책임자등으로 규정하고 있습니다. 경영책임자등은 '사업을 대표하고 사업을 총괄하는 권한과 책임이 있는 사람 또는 이에 준하여 안전보건에 관한 업무를 담당하는 사람'이라고 명시하고 있습니다. 이에 대해서도 여러 논란이 있지만 전후 맥락상 전체 사업의 대표자를 처벌하려는 것은 예상할 수 있습니다.

다음으로 이들이 이행해야 하는 의무를 '안전 및 보건 확보의무'로 규정하고 있습니다. 이러한 의무는 '책임'과 맞닿아 있습니다. 누구도 지킬 수 없는 의무를 부여한다고 해도 의무 위반에 대한 책임이 인정될 수는 없기 때문입니다. 이러한 경우 의무 위반 행위가 있을지라도 처벌하기 어려울 뿐더러 실질적 안전보건체계를 향상시키기도 쉽지 않습니다. 서울 본사 사무실에 재직 중인 대표이사로서는 제주도 공사 현장에 투입된 작업자가 갑자기 안전모를 벗어버리는 행동을 하더라도 이를 통제하는 일이 거의 불가능하므로 이에 대한 책임을 부담하게 하기는 어려울 것입니다.

각계의 고민을 거쳐 최종 확정된 내용은 안전보건을 체계적으로 관리하는 시스템을 구축하는 것이 핵심입니다. 안전 및 보건 확보의무는 ① 재해 예방에 필요한 인력 및 예산 등 안전보건관리체계의 구축 및 그 이행에 관한 조치 ② 재해 발생 시 재발 방지 대책의 수립 및 그 이행에 관한 조치 ③ 중앙행정기관·지방자치단체가 관계 법령에 따라 개선, 시정 등을 명한 사항의 이행에 관한 조치 ④ 안전·보건 관계 법령에 따른 의무이행에 필요한 관리상 조치로 규정돼 있습니다. 경영책임자등으로 하여금 수행하도록 하는 의무인 만큼, 위와 같이 체계 구축 내지 의무이행 관리 등으로 내용을 구성한 것은 타당해 보입니다. 안전보건관리체계의 구축 및 이행 조치와 안전·보건 관계 법령상 의무이행에 필요한 관리상의 조치는 중대재해처벌법 시행령에서 보다 구체화되고 있습니다.

이 중 '① 재해 예방에 필요한 인력 및 예산 등 안전보건관리체계의 구축 및 그 이행에 관한 조치'는 9가지 경영상 조치로 규정돼 있습니다.

1. 사업 또는 사업장의 안전·보건에 관한 목표와 경영방침을 설정할 것
2. 상시 근로자 수가 500명 이상이고 안전관리자 등을 3명 이상 두어야 하는 등 사업장 등 일정 규모 이상인 경우 안전·보건에 관한 업무를 총괄·관리하는 전담 조직을 둘 것
3. 유해·위험 요인 확인 및 개선 절차를 마련해 반기 1회 이상 점검하고 개선할 것(위험성평가 실시 내지 실시 결과의 보고로 대체 가능)
4. 안전·보건에 관한 인력, 시설 및 장비의 구비 등에 필요한 예산편성 및 용도별 집행
5. 안전보건관리책임자 등에게 필요한 권한과 예산을 주고, 이들에 대한 평가관리 절차를 마련할 것(반기 1회 이상)
6. 산업안전보건법령에 따른 법정 관리자를 배치할 것

전담 조직은 최소 2명 이상

사업 또는 사업장 규모, 사업, 작업 특성 및 시설 등에 따른 위험도를 고려해 안전 및 보건 확보의무 이행을 총괄하기에 합리적인 수준으로 구성해야 한다.

7. 종사자의 의견을 듣고, 이를 개선하는지 반기 1회 이상 점검한 후 필요한 조치를 할 것(산업안전보건위원회 및 안전보건협의체 등으로 종사자 의견 청취 절차는 대체 가능)
8. 재해 대응 매뉴얼에 따라 사고 등을 조치하는지 반기 1회 이상 점검할 것
9. 도급 등을 하는 경우 선정과 계약이행과정에서 안전·보건을 확보하기 위한 기준과 절차를 마련하고 반기 1회 이상 점검할 것

특히 산업안전보건법 전부개정안은 핵심 쟁점이던 하청 노동자 산업재해에 대한 원청의 책임성 강화(도급 책임 범위)와 양벌규정(과징금 부과액 상향)을 추가하는 등 급물살을 탔습니다.

아울러 '④ 안전·보건 관계 법령에 따른 의무이행에 필요한 관리상의 조치'는 4가지 관리상 조치로 규정돼 있습니다.

1. 안전·보건 관계 법령에 따른 의무를 이행했는지 반기 1회 이상 점검(전문기관을 통한 위탁 점검 가능)하고, 점검 결과를 보고받을 것
2. 안전·보건 관계 법령에 따른 의무가 이행되지 않은 사실을 확인 시 인력 배치 또는 예산 추가 편성 및 집행 등 필요한 조치를 할 것
3. 유해하거나 위험한 작업의 안전·보건에 관한 교육을 실시했는지 반기 1회 이상 점검할 것
4. 실시하지 않은 교육에 대해서는 지체 없이 이행의 지시, 예산 확보 등 교육 실시에 필요한 조치를 할 것

> 중대재해처벌법은 안전보건관리시스템 구축을 통해 종사자의 중대산업재해를 예방하는 것이 궁극적인 목적이다.

중대재해처벌법은 2022년 1월 27일 시행됩니다. 다만 상시 근로자 50명 미만인 사업 또는 사업장과 공사 금액 50억원 미만의 건설공사에 대해서는 공포 후 3년이 경과된 2024년 1월 27일까지 유예기간을 두고 있고, 상시 근로자가 5명 미만인 사업 또는 사업장에 대해서는 중대시민재해에 대해서는 적용이 있으나 중대산업재해에 대해서는 적용이 없습니다.

끝으로 가장 논란이 되고 있는 위반 시 처벌 수위입니다. 중대재해처벌법은 ① 사망사고의 경우 1년 이상 징역 또는 10억원 이하 벌금형을(산업안전보건법상으로는 7년 이하 징역 또는 1억원 이하 벌금), ② 사망 사고 외의 경우 7년 이하 징역 또는 1억원 이하 벌금형(산업안전보건법상으로는 5년 이하 징역 5,000만원 이하 벌금)을 규정하고 있습니다. 아울러 법인에 대해서도 양벌 규정에 따라 ① 사망사고의 경우 50억원 이하 벌금형을 ② 사망사고 이외의 경우 10억원 이하 벌금형을 규정하고 있습니다. 아울러 당해 사고가 고의 또는 중과실로 인한 것일 경우 법적 제재가 법원에서는 손해배상책임의 5배까지 가중해 부담시킬 수 있습니다. 다소 무거워 보이나 이러한 규정은 입법 과정에서 상당히 완화된 것입니다. 당초 법률안에서는 벌금형을 선택할 수 없도록 징역형 규정만 두고 있었으며, 한 건의 사고라 하더라도 사망자가 다수 발생한 경우 그 사망자 수만큼 법정형을 더할 수 있도록 규정하고 있었습니다. (예컨대 5명의 작업자가 사망한 경우 최소 5년 이상의 법정형을 적용하는 것입니다.) 그에 비해서는 상당히 완화된 수준이라 또 다른 논란을 낳았지만, 여전히 일부 기업에는 생존에 타격을 입힐 수 있는 수준이어서 실제 처벌이 어떻게 이뤄질지 귀추가 주목됩니다.

또한 중대산업재해가 발생하는 경우 법인인 사업주가 막대한 피해를 입게 되는 데 경영책임자, 안전관리책임자 등 안전관리의무를 위반해 사고를 야기한 개인에게 구상 등 어떠한 법적 책임을 물어야 하는 지도 논란이 되고 있습니다.

SECTION 1 Issue 2

중대재해처벌법 시행령 공포, 입법예고와 무엇이 다른가

: 확정된 시행령 내용과 예고 시행령(안)의 차이점을 한번 짚어봤습니다.

중대재해처벌법 시행령(안)이 예고된 이후 각 사업체에서 얼마 남지 않은 법 시행에 대비하기 위해 위 시행령(안)을 기초로 조직과 업무 체계를 정비하며 분주하게 대응해온 것으로 파악됩니다. 다만 예고제도는 앞으로 시행될 법령안의 내용을 법 시행 전 국민 모두에게 예고하고 다양한 의견을 청취해 실제 시행령 내용에 반영하기 위한 절차이므로, 실제 확정된 시행령의 내용은 당초 예고된 내용과 다를 수 있습니다. 이에 따라 시행령(안)을 기초로 미리 준비해온 내용이 실제 시행령에서 요구하는 내용에 부합하지 않을 수 있으므로 확정되어 공포된 시행령

내용과 기존의 예고 시행령(안)의 차이점을 한번 짚어볼 필요가 있습니다. 정부가 2021년 7월 9일 중대재해처벌법 시행령(안)에 대해 예고한 이후, 노사 및 경제 단체와 개인 등으로부터 약 300여 건의 의견이 제출됐습니다. 이를 조율하는 과정이 수월하지 않았을 것이라 짐작할 수 있습니다. 최종 공포된 시행령에는 별첨 문서로 의견을 제출한 단체와 그 반영 결과가 나타나 있는데 규율 범위를 더욱 확대해야 한다는 의견, 영업 현실을 고려해 합리적 범위에서 제한해야 한다는 의견, 어떤 의무를 이행하면 충분한 것인지 좀 더 명확히 해달라는 의견 등 각계 입장에 따라 요구하는 바가 다르고, 때로는 이러한 요구가 서로 대립하고 있다는 사실을 알 수 있습니다. 대표적으로 뇌·심혈관 질환을 직업성 질병으로 포함시켜야 한다는 노동계의 의견, 광주광역시 철거공사현장에서의 사고와 관련해 건설현장도 공중이용시설로 포함시켜야 한다는 시민단체의 의견은 수용되지 않았

구분	공포된 시행령 내용	입법예고와의 비교
직업성 질병의 범위	• 중대산업재해의 판단 기준 중 하나인 직업성 질병자의 범위를 열거 • 각종 화학적 인자에 의한 급성중독과 급성중독에 준하는 질병으로 정함 • 고열 작업 또는 폭염에 노출되는 장소에서 하는 작업으로 발생한 심부 체온 상승을 동반하는 열사병 포함	명확성 제고를 위해 화학적 인자 '등'의 표현을 삭제하고 화학적 인자를 급성중독 중 산업안전보건법상 유해 인자로 열거
공중이용 시설의 범위	• 중대시민재해 방지를 위한 관리 대상 중 '공중이용시설(법 제2조 제4호)'의 범위를 열거 ① 연면적 2,000㎡ 이상 지하도상가 ② 연장 500m 이상 방파제 ③ 바닥 면적 1,000㎡ 이상 영업장 ④ 바닥 면적 2,000㎡ 이상 주유소 충전소 등 포함	둘 이상의 건축물로 이뤄진 시설의 연면적은 개별 건축물의 연면적을 모두 합산한 면적으로 봄(시행령 별표 2 비고)
안전 및 보건 확보의무의 구체화 (제4조, 제5조, 제10조 내지 제13조)	• 안전보건관리체계 구축·이행 조치의 구체적 내용은 안전 및 보건에 관한 목표와 경영방침을 수립하는 것에서 시작돼 전담 조직, 필요 예산, 전문 인력, 종사자 의견 청취 및 도급 시 기준·절차 마련 등의 내용을 포함 • 안전·보건 관계 법령상 의무 이행을 위한 관리상의 조치로는 안전·보건 관계 법령상 의무 및 안전보건교육의무 이행 여부를 주기적으로 점검하도록 하고, 이행을 위해 필요한 조치를 하도록 하는 의무를 규정	• 법 적용 대상을 '사업 또는 사업장'으로 전체적인 표현 수정 • 건설사업자의 경우 안전보건 전담 조직을 새로 구성해야 하는 경우 1년간의 유예 기간 추가 • 위험성 평가 등의 점검주기를 "반기 1회 이상"으로 명확히 규정(시행령 제4조 제3호) • "적정한 예산"에서 안전보건확보에 "필요한 예산"으로 변경하여 그 의미를 보다 구체적으로 규정 • 겸직 시 업무 시간 보장 등에 관한 사항은 고용노동부 고시로 위임
안전보건교육 수강 등 (제6조 내지 제9조, 별표 4)	• 중대산업재해가 발생한 법인 또는 기관의 경영책임자등이 이수해야 하는 안전보건교육의 방법, 내용, 미이행 시 제재(과태료) 등을 구체화	• 절차 및 기간 등을 보다 명확히 규정
중대산업재해 발생 사실의 공표 (제14조)	• 안전보건확보의무를 위반한 사업의 중대산업재해 발생 사실 공표 방법, 기준 및 절차를 구체화	• 절차 및 기간 등을 보다 명확히 규정

습니다. 또한 경영책임자의 개념과 안전보건관리의무내용이 불분명해 구체적인 해석기준이 마련돼야 한다는 경영계의 요구도 받아들여지지 않았습니다.

그러나 모든 요구를 완벽하게 반영하는 것은 불가능한 일이므로 실제 법을 집행하는 과정에서 많은 혼란이 예상됩니다. 고용노동부에서 이와 관련한 중대재해처벌법 해설서를 발간하기도

했지만, 앞으로 정부 해석례나 판례 등이 점차 축적될 것입니다. 향후 있을 혼란을 최소화하기 위해서는 중대재해처벌법을 둘러싼 법 집행 동향을 지속적으로 살펴볼 필요가 있습니다.

SECTION 1 *Issue 3*

중대재해처벌법이 '한국형 징벌 규제'라고?

중대재해처벌법은 '한국형 징벌 규제'의 새로운 상징처럼 부각되고 있습니다.
전 세계 유례가 없는 법이라는 주장도 나옵니다.
해외 사례를 살펴봤습니다.

2022년 1월 27일부터 시행하는 중대재해처벌법을 두고 전 세계 유례가 없는 법이라는 주장도 나옵니다. 실제로 외국에는 이러한 법이 없을까요. 영국에서도 '영국판 세월호 사건'이 있었고, 그에 대한 반성에서 '기업과실치사법(Corporate Manslaughter and Corporate Homicide Act)'이 2007년 제정돼 2008년부터 시행에 들어갔습니다. 이 법률명은 한글 번역을 두고도 말이 많습니다. '기업살인법'이라고 번역하기도 합니다. 하지만 법안 내용이 기업의 과실에 의한 사망 사건에 대해 법인의 처벌에 주안점을 두는 것은 물론, 비영리법인도 포함된다는 점에서 '기업과실치사법'이라고 해석하는 것이 옳다고 봅니다.

'철의 여인' 마거릿 대처 총리의 집권 말기에는 다수 사망자가 발생하는 중대재해가 영국에서 많이 일어났습니다. 대표적 사건이 1987년 3월 벨기에 항구를 떠나 영국으로 향하던 여객선 헤럴드 오브 프리 엔터프라이즈호가 항구를 떠나자마자 전복돼 193명이 생명을 잃은 사고였지요.

사고는 어이없게도 배가 출항하면서 차를 갑판에 실은 뒤 뱃머리를 닫지 않고 출발해 선박이 전복된 것이었습니다. 당시 뱃머리를 닫아야 하는 부갑판장이 잠이 들어 문을 닫지 않았고, 선장도 문이 닫히지 않은 사실을 모른 채 출발해버렸습니다. 게다가 배에는 문이 닫히지 않았을 때 울리는 경보 시스템도 없었다고 합니다.

이러한 참사가 일어나자 당시 선장과 선원들뿐 아니라 선박 소유주 회사의 경영책임자까지 처벌해야 한다는 목소리가 높았습니다. 그러나 살인죄로 기소된 경영책임자에 대해 변호사는 이들이 직접적 안전관리책임을 지지 않으며, 안전관리나 투자를 소홀히 한 것이 사고와 인과관계가 있다는 직접적 증거가 없다는 논리로 변론했습니다. 결국 경영책임자는 처벌받지 않았지요. 이에 따라 영국 국민은 기업이 안전관리와 투자를 소홀히 했음에도 법리적 이유로 처벌받지 않는다는 사실에 분노했습니다. 이후 관련 법 제정이 필요하다는 논의가 10여 년간 이어졌습니다.

조직 규모가 커질수록 구성원의 업무는 분업화하고, 경영진은 기업 운영이나 의사결정에 개입할 뿐 현장의 안전 문제에는 직접적으로 개입하기 어렵습니다. 그러다 보니 조직 구성원의 행위로 인해 사망사고가 발생한 경우 고의에 의한 살인죄 책임을 경영진에게 묻

3%
영국 재해 사망사고 발생 시 기업과 실치사법을 적용해 기소하는 비율

영국판 세월호 사건
1987년 3월 벨기에 항구를 떠나 영국으로 향하던 여객선 헤럴드 오브 프리 엔터프라이즈호가 항구를 떠나자마자 전복돼 193명이 생명을 잃은 사고

는 데 한계를 노출했다는 반성에서부터 법 제정 논의가 시작됐습니다. 이후 진보 성향의 노동당이 집권하자마자 기업과실치사법이 제정됐습니다.

이 법은 기업 과실로 사람이 죽는 경우 상한선 없이 벌금을 부과할 수 있습니다. 다만 법인, 중앙정부, 경찰, 노동조합, 사용자단체 등의 조직체가 자신의 활동 관리 및 조직 방법이 관련 주의의무의 중대한 위반에 해당하고, 사람의 사망을 유발한 경우에 적용됩니다. 법인 자체만 처벌 대상이고 경영책임자 등 개인은 법 적용 대상이 아니라는 점에서 부상이나 직업성 질병까지 중대재해에 포함할 뿐 아니라 경영책임자와 법인 모두 처벌하며 과실범 처벌이라는 점에서 고의범 처벌이라는 우리나라 중대재해처벌법과는 근본적인 차이가 있지요.

또한 영국국기업과실치사법상 주의의무는 우리나라의 형법에 해당하는 보통법상 과실에 의한 불법행위 법리에 의해 부과되는 주의의무로, 영국 산업안전보건법(Health and Safety at Work etc. Act)에 따라 사업주에게 부과하는 의무를 의미하지 않습니다. 반면 우리나라 중대재해처벌법 산업안전보건법 등 안전보건에 관한 법규 준수를 중요한 법 적용 기준으로 삼는다는 점에서 차이가 있습니다. 영국에서도 기업과실치사법이 제정됐지만, 재해로 사망사고가 발생하는 경우 산업안전보건법을 우선 적용합니다. 기업과실치사법을 적용해 기소하는 비율은 3% 정도에 불과한 실정입니다.

기업과실치사법이 적용된 법인은 대부분 중소기업이라고 합니다. 그 이유로는 기업 규모가 작을수록 안전보건에 대한 투자가 적어 사망사고율이 높다는 점 등이 제시되고 있습니다.

중대재해처벌법의 또 다른 해외 사례로 호주를 거론하기도 합니다. 호주는 6개 주와 2개 준주로 이뤄진 연방국가입니다. 형법(Crimes Act)과 직업안전보건법(Work Health and Safety Act)에는 중대재해기업을 처벌하는 규정이 없습니다. 4개 주와 준주에서 주법인 산업안전법이나 형법을 개정해 중대재해를 일으킨 기업을 처벌하고 있지요. 처벌은 주에 따라 징역 20년 형부터 무기징역까지 가능하고, 벌금도 100억원 정도 부과할 수 있어 형이 다소 무거운 편입니다.

그런데 이들 주에서는 중대재해에 대해 기업주와 법인을 처벌할 경우 까다로운 범죄 성립 요건을 제시하고 있습니다. ① 심각한 부주의가 존재하고 ② 그러한 부주의로 고용한 근로자가 사망에 이르며 ③ 그 사망에 부주의가 중요한 원인을 제공한 경우를 요건으로 하고 있어 처벌이 쉽지 않습니다.

캐나다에도 캐나다판 중대재해법인 웨스트레이법이 2004년 제정돼 시행하고 있습니다. 이 법은 1992년 웨스트레이 석탄 광산에서 메탄가스 폭발 사고로 광부 26명이 숨진 사건을 계기로 제정한 것입니다.

광부들은 사고 전 광산 내부 메탄가스 폭발 위험에 대해 조치를 취할 것을 여러 차례 회사에 건의했으나 묵살됐습니다. 사고 이후 유족들이 회사의 경영책임자를 살인과 과실치사 혐의로 고소했지만 증거 불충분으로 기소되지 않았지요. 이 사건을 계기로 캐나다에서도 중대재해에 대한 기업과 경영책임자에 대한 처벌 필요성이 대두했고, 10여 년에 걸친 논의 끝에 2004년 웨스트레이법이 제정됐습니다. 하지만 법 제정 후 10년 동안 이 법을 적용해 기소한 건수는 10건에 불과합니다.

기존 산업안전보건법과는 어떻게 다를까

: 산업안전보건법이 있는데 왜 중대재해처벌법을 만들었을까요. 두 법은 과연 어떻게 다를까요.

산업안전보건법은 175개 조문을 두고, 그 하위 법규인 산업안전보건기준에 관한 규칙은 673개 조항에서 안전보건관리기준을 제시하고 있습니다. 중대재해처벌법은 16개, 시행령은 13개 조항에 불과하지만 중대재해를 야기한 경영책임자등을 산업안전보건법보다 중하게 처벌함으로써 중대재해를 예방하는 것을 주된 목적으로 한다는 점에서 다릅니다. 또한 중대재해에는 산업재해가 아닌 제품, 원료, 서비스, 시설관리 하자 등에 의한 시민재해가 포함된다는 점에서 사업장 내 안전관리에 중점을 두고 산업재해 예방을 목적으로 하는 산업안전보건법과 차이가 있습니다.

아울러 보호대상이 산업안전보건법은 '노무를 제공하는 사람'인 반면, 중대재해처벌법은 시민과 종사자(근로기준법상의 근로자·도급·용역·위탁 등 계약의 형식에 관계없이 그 사업의 수행을 위해 대가를 목적으로 노무를 제공하는 자 등)를 보호 대상으로 해 대상이 더 넓다는 점에서도 차이가 있습니다. 수범주체와 관련해서도 산업안전보건법은 사업주(법인과 개인 사업주)와 사업장의 안전보건관리책임자 등에게 의무를 지우는 데 반해, 중대재해처벌법은 사업주와 사고 현장 사업장에 없던 경영책임자등에게도 책임을 지운다는 점이 다릅니다.

가장 논란이 되는 부분은 경영책임자입니다. 중대재해처벌법에서 '경영책임자등'이란 '사업을 대표하고 사업을 총괄하는 권한과 책임이 있는 사람 또는 이에 준해 안전·보건에 관한 업무를 담당하는 사람'으로 정의하고 있습니다. 하지만 회사에서 어느 범위까지가 경영책임자인지 의미가 명확하지 않다는 점에서 다툼의 여지가 있습니다(중앙행정기관의 장, 지방자치단체의 장, 「지방공기업법」에 따른 지방공기업의 장, 「공공기관의 운영에 관한 법률」에 따라 지정된 공공기관의 장도 경영책임자에 속하지만 그 의미가 명확합니다).

통상 사업을 대표하고 사업을 총괄하는 권한과 책임이 있는 사람인 경영책임자등은 회사의 등기부상 대표이사가 가장 일반적일 것입니다. 그러나 등기임원이 아니어도 대주주인 회장 등이 실제 경영에 관여하는 경우 이에 해당할 수 있을 것으로 예상됩니다.

그리고 '이에 준해 안전보건에 관한 업무를 담당하는 사람'은 주로 최고안전책임자(CSO)를 의미하는데, 대표이사가 CSO에게 안전보건관리에 관한 권한을 주면 책임에서 제외될 수 있는지에 대해서도 논란이 있습니다. 적용 범위와 관련해 산업안전보건법은 사업장 단위 안전보건관리에 초점을 두고 있는 반면, 중대재해처벌법은 시민재해를 포함하다 보니 전국 단위 사업과 사업장 모두에 초점이 맞춰져 있다는 것도 다릅니다. 안전보건관리 대상도 산업안전보건법은 사업장의 안전관리에 초점을 두고 있는 반면, 중대재해처벌법은 사업주나 법인 등이 실질적으로 지배·운영·관리하는 사업 또는 사업장, 시설, 장비, 장소에 대한 안전관리의무에 비중을 두고 있습니다.

특히 도급 등 협력 업체의 안전관리와 관련해 산업안전보건법은 사업장 내 도급에 대한 안전관리를 규제하지만, 중대재해처벌법은 사업장 밖에서도 시설, 장비, 장소를 실질적으로 지배·운영·관리하는 경우에는 안전보건확보의무를 발주자인 사업주에게 지운다는 점에서 차이가 납니다.

민자 발전소, 도로, 지하철 등이 사실상 페이퍼컴퍼니인 특수목적법인(SPC) 소유이면서 실질 관리는 출자자나 운영·유지보수(O&M) 회사가 하는 경우 사고가 발생하면 누가 실질적으로 지배·운영·관리하는 경영책임자로서 책임을 져야 하는지를 둘러싸고 논란이 일고 있습니다.

법적용 우선 순위와 관련해서도 영국, 캐나다 등 해외 사례를 보면 산업재해인 중대재해가 발생하면 산업안전보건법 적용을 우선으로 하고 중대재해처벌법과 같은 법의 적용은 도리어 예외적입니다. 따라서 우리나라에서는 원칙적으로 경합범으로 두 가지 법 모두를 적용할 가능성이 높지만 실제 법 적용실무에서 경영책임자에 대해 얼마나 엄격한 법적용을 할 것인지 해외 사례에 비추어 어떠한 차이가 있을지 관심을 갖고 지켜봐야겠습니다.

산업안전보건법과 중대재해처벌법 비교

구분	산업안전보건법	중대재해처벌법(중대산업재해)
의무주체	사업주(법인 사업주+개인 사업주)	사업주, 경영책임자등
보호 대상	근로자, 수급인의 근로자, 특수형태근로종사자	종사자(근로자, 노무 제공자, 수급인, 수급인의 근로자 및 노무 제공자)
적용 범위	전 사업장 적용 (다만, 안전보건관리체제는 50인 이상 적용)	5인 미만 사업장 적용 제외 (50인 미만 사업장은 3년 후 시행)
재해 정의	◎ 중대재해 : 산업재해 중 ❶ 사망자 1명 이상 ❷ 3개월 이상 요양이 필요한 부상자 동시 2명 이상 ❸ 부상자 또는 직업성 질병자 동시 10명 이상 ※산업재해 : 노무를 제공하는 자가 업무와 관계되는 건설물, 설비 등에 의하거나 작업 또는 업무로 인해 사망·부상하거나 질병을 얻는 피해	◎ 중대산업재해 : 산업안전보건법상 산업재해 중 ❶ 사망자 1명 이상 ❷ 동일한 사고로 6개월 이상 치료가 필요한 부상자 2명 이상 ❸ 동일한 유해 요인으로 급성중독 등 직업성 질병자 1년 내 3명 이상
의무 내용	◎ 사업주의 안전조치 ❶ 프레스·공작기계 등 위험 기계나 폭발성 물질 등 위험 물질 사용 시 ❷ 굴착·발파 등 위험한 작업 시 ❸ 추락하거나 붕괴할 우려가 있는 등 위험한 장소에서 작업 시 ◎ 사업주의 보건조치 ❶ 유해 가스나 병원체 등 위험 물질 ❷ 신체에 부담을 주는 등 위험한 작업 ❸ 환기·청결 등 적정 기준 유지 → 산업안전보건기준에 관한 규칙에서 구체적으로 규정(673개 조문)	◎ 개인 사업주 또는 경영책임자등의 종사자에 대한 안전 및 보건 확보의무 ❶ 안전보건관리체계의 구축 및 이행에 관한 조치 ❷ 재해 재발 방지 대책의 수립 및 이행에 관한 조치 ❸ 중앙행정기관 등이 관계 법령에 따라 시정 등을 명한 사항 이행에 관한 조치 ❹ 안전·보건 관련 법령상 의무이행에 필요한 관리상의 조치 → ❶❹의 구체적인 사항은 시행령에 위임
처벌 수준	◎ 자연인 사망 ▶ 7년 이하 징역 또는 1억원 이하 벌금 안전·보건조치 위반 ▶ 5년 이하 징역 또는 5,000만원 이하 벌금 ◎ 법인 사망 ▶ 10억원 이하 벌금 부상·질병 ▶ 5,000만원 이하 벌금	◎ 자연인 사망 ▶ 1년 이상 징역 또는 10억원 이하 벌금 안전·보건조치 위반 ▶ 7년 이하 징역 또는 1억원 이하 벌금 ◎ 법인 사망 ▶ 50억원 이하 벌금 부상·질병 ▶ 10억원 이하 벌금

자료 : 고용노동부, 안전보건공단

중대재해처벌법 기준과 쟁점

: 실제 법 적용 과정에서 논란이 되는 쟁점을 구체적 사례로 살펴봤습니다.

중대재해처벌법은 일반적 사고가 아닌 그 피해가 중한 '중대재해'에 대해 적용하는 법입니다. 중대재해는 산업계 종사자에게 발생하는 중대산업재해와 일반 시민에게 발생하는 중대시민재해로 구분됩니다.

이런 개념에는 사망자 발생과 같이 비교적 명확한 경우도 포함되지만, 동일한 사고로 6개월 이상 치료가 필요한 부상자 2명 이상이 발생한 경우, 동일한 유해 요인으로 인한 직업성 질병자가 1년 이내에 3명 이상 발생한 경우와 같이 해석이 필요한 개념도 포함돼 있습니다. 중대재해의 해석은 중대재해처벌법 적용 여부를 판단하는 근간으로 향후 법 적용 과정에서 상당한 논란이 예상됩니다.

중대산업재해란 산업안전보건법의 산업재해를 전제로 합니다. 산업재해란 노무를 제공하는 사람이 업무에 관계되는 건설물·설비·원재료·가스·증기·분진 등에 의하거나 작업 또는 그 밖의 업무로 인하여 사망 또는 부상하거나 질병에 걸리는 것을 말합니다(산업안전보건법 제2조 제1호).

사망자가 발생한 경우 외관상 중대재해에 해당한다는 점이 명확하지만, 과로사 등 직업성 질병으로 사망한 때에는 과중한 업무 이외에 개인의 고혈압, 당뇨, 생활 습관 등 다양한 요인에 따라 업무 관련성 등이 부정될 수 있습니다. 사망 원인을 특정하기 어려운 경우 중대재해 여부가 논쟁이 될 수 있습니다.

동일한 사고의 의미도 모호합니다. 한 번의 폭발 사고로 인해 다수가 피해를 입은 경우 직접적 피해 이외에도 사고 당시 충격으로 인한 추락, 파편이나 충돌 등으로 인한 추가 피해까지 포함하는 데 무리가 없어 보입니다.

다만 사고들 사이에 시간적·장소적 근접성을 인정할 것인지 판단하기 애매한 경우가 있습니다. 예컨대 제조업체의 설비 결함이 방치돼 있다가 공장 내 근로자가 일정한 시간 간격을 두고 같은 원인으로 피해를 입은 경우 일반적으로 둘을 동일한 사고로 보기 어렵습니다. 하지만 그 시간 간격이 10분 이하로 짧아지는 경우 동일한 사고로 판단할 수 있어 논란이 예상됩니다.

이와 관련해 6개월 이상 치료가 필요한 부상의 치료 기간은 기본적으로 의사 소견서에 기재된 전문가 진단을 토대로 판단합니다. 이 또한 의사의 판단이 개입되므로 치료 기간이 6개월 내외의 경계에 있는 경우 실제 처벌과 관련해서는 중요한 쟁점이 될 수 있습니다. 다만 위 기간이 6개월로 단기인 점을 고려하면, 원칙적으로 재활에 필요한 기간 등은 포함되지 않을 것으로 보입니다.

중대재해처벌법 시행령이 공포되고 이러한 유해 요인으로는 급성중독 등 각종 화학적 유해 인자나 유해 작업 등이 상세하게 열거됐습니다. 그러나 실무상 직업성 질병은 어떤 유해 인자로 인해 발병한 것인지 특정하기 어려울 뿐 아니라 구체적 원인이 달라 중대재해로 인정되지 않을 수 있습니다. 중대시민재해의 경우 해석에 따라 형사처벌 가능성도 발생하지만, 일반적으로 대규모 집단의 피해를 수반한다는 점에서 중대재해에 대한 손해배상 소송이 집단소송으로 제기될 공산이 큽니다. 이러한 경우 피해자 각자에게는 적은 금액의 배상 금액이 인정된다고 하더라도 이를 피해자 모두에게 배상해야 하는 사업주 입장에서는 엄청난 부담이 될 수 있습니다. 그만큼 치열한 분쟁이 전개될 것으로 보입니다.

중대시민재해도 재해의 내용 자체는 중대산업재해와 유사한 내용으로 규정돼 있습니다.

다만 중대산업재해가 종사자의 작업 중 사고를 전반적으로 지칭하는 반면, 중대시민재해는 일반 공중의 사고 또는 종사자의 작업 외 사고를 의미하는 것으로서 특정 원료 또는 제조물, 공중이용시설 또는 공중교통수단의 설계·제조·설치·관리상의 결함을 원인으로 발생한 재해를 지칭한다는 점에서 차이가 있습니다. 이런 정의 규정으로 인해 원료 또는 제조물을 유통하는 사업자나 일반 공중이 이용하는 시설 등을 관리하는 사람은 자신들의 관리 대상이 중대재해처벌법의 적용 대상이 되는지 추가적으로 살펴야 합니다.

중대재해처벌법 시행령에서는 특정 원료 또는 제조물을 일반적으로 정의하고 있지는 않고, 중대재해처벌법 시행령 제8조 제3호에서 유해·위험 요인의 주기적 점검 대상이 되는 특정 원료 또는 제조물만을 별표 5의 규정을 통해 나열하고 있습니다. 이러한 규정 체계로 인해 위와 같은 열거 규정이 중대재해처벌법 전체에 적용되는 특정 원료 또는 제조물을 의미하는 것인지, 위와 같은 유해·위험 요인 점검 대상이 되는 특정 원료 또는 제조물만을 의미하는 것인지 논란이 될 수 있어 보입니다.

중대재해처벌법 시행령 입법예고 이후 중대재해 예방과 안전권 실현을 위한 학자 및 전문가 네트워크, 이른바 '중대재해네트워크'에서는 별표 5 전체를 삭제해 모든 원료 및 제조물에 중대재해처벌법이 적용되도록 해야 한다고 의견을 제시했습니다.

또한 중대재해처벌법 시행령 별표 2에서는 연면적 3,000㎡ 이상의 건축법상 업무시설 등 여러 종류의 시설에 대해 각 규모를 기준으로 공중이용시설을 열거하고 있습니다.

이 외에 공중교통수단에 해당하는 것인지에 관해서는 중대재해처벌법상 정의 규정에서 도시철도법에 따른 도시철도차량 등 비교적 논란의 여지가 적은 대상을 규정하고 있는 것으로 보입니다.

이처럼 중대재해의 내용만 놓고 보더라도 상당한 쟁점이 내포돼 있습니다. 이러한 쟁점은 구체적 사안을 두고 법원 등 권한 있는 기관에서 최종 확정하기 전까지는 해석하는 데 한계가 존재할 수밖에 없습니다. 실제 법 적용 과정에서 구체적 사례를 토대로 논란이 되는 쟁점들이 점차 정리되기를 기대합니다.

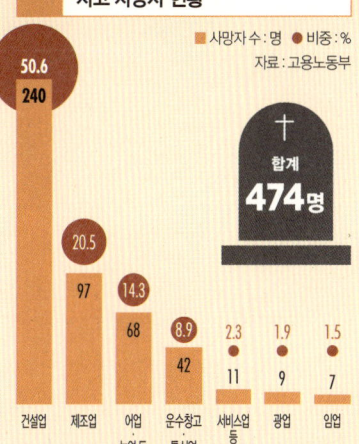

중대재해처벌법 주요 내용	
중대재해 정의	1명 이상 사망 또는 부상·질병자 10명 이상 등
적용 대상	사업주·CEO·안전담당 이사
처벌 수위	개인 1년 이상 징역 또는 10억원 이하 벌금 법인 50억원 이하 벌금
시행 시기	공포 후 1년(2022년) 50인 미만 사업장은 2024년
처벌 제외	5인 미만 사업장·소상공인 1,000㎡ 미만 영업장·학교·학교장 등

자료: 국회 ※상임위 의결 법안 기준

SECTION 2

건설업 안전 위반 비율

안전 난간 미설치 **41.2%**

작업 발판 미설치 **15.9%**

개구부 덮개 미설치 **6.1%**

6.1　31.3　　

중소 건설·제조업 '안전 미흡'

고용노동부가 2021년 7월부터 10월까지 8차례에 걸쳐 전국에서 3대 안전조치 준수 여부를 일제 점검한 결과를 발표했습니다. 전국 20,487개소 현장을 일제 점검한 결과 건설업 68%, 제조업 55%가 안전조치 미비로 나타났습니다. 고용노동부는 추락과 끼임 사망사고 예방 수칙을 위반한 13,202개소(64.4%)에 대해 시정 조치를 했습니다. 한편 2022년 1월 27일 중대재해처벌법이 적용되는 50인 이상 제조업은 위반 비율이 31.3% 큰 폭으로 감소했습니다.

3대 안전조치
추락 사고
끼임 사고
개인 보호구 착용

SECTION 2 Case 1

전기차 화재 사고

: 모빌리티 기술의 진보는 기술의 가능성을 무한대로 확장시켰습니다.
하지만 전기 저장 장치의 결함에 따른 중대재해의 위험성에 대한 대비책 마련도 반드시 필요합니다.

선진국을 중심으로 진행해오던 기후변화 대응 및 탈탄소 움직임이 파리기후협약 이후 점차 전 세계적 움직임으로 강화되고 있습니다. 이에 따라 화석연료가 전기로 대체되는 글로벌 전기화가 급속도로 진행되고 있습니다. 전기화가 가장 빠른 분야는 모빌리티입니다. 자율주행 전기차의 등장을 앞두고 필요한 법과 제도적 정비를 주제로 한 토론도 활발하게 이뤄지고 있습니다. 법률가에게 자율주행 전기차의 등장은 현재까지 존재하지 않던 새로운 개념, 즉

전기차 전문 정비소 2025년까지 3배 늘린다

정부가 최근 보급이 확대되고 있는 전기차와 수소차 등 미래차에 대한 정비 인프라를 2025년까지 크게 늘린다. 홍남기 부총리 겸 기획재정부 장관은 1일 정부서울청사에서 "제7차 혁신성장 빅3 추진 회의'를 열고 "친환경차 충전 중 화재, 배터리 대규모 리콜 등이 이어지면서 안전성 문제에 대한 소비자 관심이 커지고 있다"며 이 같은 계획을 내놨다.

2019년 기준 1100개 수준이던 전기차 전문 정비소를 2025년 3300개까지 늘린다. 여기에 필요한 기술자를 양성하기 위해 일선 대학의 자동차학과 교육 과정도 내년부터 개편해 전기차 정비·검사 교육 인프라를 확충한다. 수소차 검사소도 현재 10개소에서 내년 23개로 늘릴 예정이다. 전기차 핵심부품인 배터리 안전성 시험 항목도 7개에서 11개로 확대해 안전성을 강화하기로 했다.

아울러 충돌 안전성 평가 대상에 전기차 4종을 추가하기로 하는 한편 수소버스 제작·안전 기준도 신설한다. 내연기관차 중심인 자동차안전연구원(KATRI)의 결함조사 장비도 전기차와 관련된 것으로 단계적으로 확충할 방침이다.

정부는 2025년까지 차세대 전력반도체 핵심제품 5개 이상을 국내에서 상용화하는 것을 목표로 전폭적인 지원을 하기로 했다. 이를 위해 수요연계형 상용화, 핵심기술개발, 제조역량 확충 등 3단계에 걸쳐 기술 및 자금 지원을 집중한다는 방침이다. 실리콘카바이드(SiC), 질화갈륨(GaN), 갈륨옥사이드(Ga2O3) 등 3대 핵심소재 기반 차세대 전력반도체 기술개발에 올해 100억원을 지원한다.

민간 파운드리(반도체 수탁생산)의 차세대 전력반도체 제조 공정 구축을 지원하고 내년까지 부산 파워반도체 상용화센터 내에 신뢰성평가인증센터도 만들 예정이다.

홍 부총리는 "차세대 전력반도체는 전기차 배터리, 태양광 등 디지털·그린 뉴딜의 핵심부품이지만 생산 규모와 기술력 부족 등으로 90% 이상 수입에 의존하고 있다"며 "2025년까지 핵심제품 5개 이상을 상용화하는 등 국내 자립 기반을 구축하겠다"고 말했다.

구은서 기자

1. **애플카, 2025년 출시 목표**
애플카는 2025년 출시를 목표로 개발하고 있다. 번스타인 보고서에 따르면 2025년 출시 이후 2030년까지 150만 대의 애플카가 판매될 전망이다.

2. **서울비전 2030**
오세훈 서울시장이 지난 9월 '서울비전 2030'을 통해 제시한 서울의 미래상. 서울시는 2025년까지 전기차 27만 대, 배달이륜차 6만2,000대, 택배화물차 6,100대를 보급할 예정이다.

32
한경MOOK

법률상 인(人)이나 법인(法人)이 아닌 새로운 유기적 존재로서 '스스로 움직이는 기계'가 등장하는 것을 의미합니다. 그런 만큼 이를 어떻게 다뤄야 할지를 둘러싸고 여러 흥미로운 논의가 이어지고 있습니다.

그런데 모빌리티 기술의 진보는 중대재해처벌법과 관련해서도 중요한 쟁점을 지니고 있습니다. 전기화한 모빌리티는 화석연료를 대체하는 전기차 배터리·연료전지 등 전기를 저장할 수 있는 장치를 필요로 하고, 이와 같은 장치는 화재 및 폭발의 위험성이 있기 때문입니다.

실제로 2020년 12월, 서울의 한 아파트 단지 지하 주차장에서 전기 자동차가 벽면을 들이받은 후 화재 발생과 함께 운전자가 사망한 사고가 있었습니다. 소방청 통계에 따르면 2017년부터 2020년 4년간 전기차 화재 사고는 69건이 발생했습니다.

전기차와 관련한 기술, 특히 우리나라의 수소차 관련 기술은 지속적으로 발전하고 있습니다. 안전성도 점차 강화될 것으로 기대하지만, 차량 화재 발생에 따른 위험이 완전히 없어지기까지는 좀 더 시간이 필요해 보입니다. 또한 전기차 화재가 터널이나 교량같이 통제하기 어려운 장소에서 발생하는 경우 위험은 더 커질 수 있습니다.

이 경우 중대재해처벌법상 ① 특정 원료 또는 제조물, 공중 교통수단의 설계·제조·설치·관리상의 결함을 원인으로 사망자가 1명 이상 발생하거나 ② 2개월 이상 치료가 필요한 부상자가 10명 이상 발생하거나 ③ 3개월 이상 치료가 필요한 질병자가 10명 이상 발생하는 재해인 '중대시민재해'(중대재해처벌법 제2조 제3호)가 발생할 공산이 큽니다. 전기차에서 발생한 화재의 원인이 전기 저장 장치 등 '제조물'의 결함에 따른 것이라면 그 장치의 제조사가 이를 판매하거나 유통한 법인에 해당합니다.

따라서 사람의 생명, 신체의 안전을 위해 필요한 조치를 해야 할 의무(중대재해처벌법 제9조 제1항)를 다하지 않은 경우 사업주 및 경영책임자등도 처벌될 가능성이 있습니다. 또한 전기 저장 장치의 결함을 각 운송수단의 생산자가 방치했거나, 그와 같은 결함이 운송수단에 전이되는 과정에서 필연적으로 발생하는 등 '결함'의 범위를 운송수단 생산자에게까지 확대할 수 있는 경우라면 운송수단 생산자의 사업주 및 경영책임자등도 책임을 피할 수 없을 것입니다.

산업재해 측면에서도 전기차 부품의 화재·폭발 가능성은 중요한 의미가 있습니다. 하청업체를 다수 고용하는 모빌리티 제조업계의 특성상 화재·폭발 위험성이 있는 부품이 추가된다는 것은 중대재해의 관리 및 예방 필요성이 그만큼 커진 것을 의미하기 때문입니다.

중대재해처벌법에서는 종사자의 범위나 안전 및 보건 확보의무를 규정하는 데 하도급 업체에 대해서까지 원청의 책임을 물을 수 있는 포괄적 조항을 두고 있습니다. 하청업체가 하는 부품 제조, 운반, 서비스, 수리 등 과정에서 화재·폭발로 중대재해가 발생하는 경우라면 전기차 제조자·경영책임자등에 대한 중대재해처벌법 적용이 가능할 것으로 보입니다.

연료전지
수소 연료를 사용해 전기를 만들어내는 장치다. 건전지와 같이 한 번 쓰고 버리는 '1차전지', 리튬이온전지와 같이 충전·방전을 반복해 쓰는 '2차전지'와 달리 연료를 주입해 지속적으로 사용할 수 있으므로 '3차전지'로 분류된다.

하청업체를 다수 고용하는 모빌리티 제조업계의 특성상 화재·폭발 위험성이 있는 부품이 추가된다는 것은 중대재해의 관리 및 예방 필요성이 그만큼 커지는 것을 의미한다.

유해 화학물질에 의한 사고

: 대규모 화학물질에 의한 사고는 공포와 경각심을 느끼게 했습니다.
그럼에도 여전히 많은 근로자에게 유해 화학물질로 인한 산업재해가 발생하고 있습니다.

1. 화학물질 종합정보시스템
화학물질안전원에서 화학물질관리법(화관법) 제48조(화학물질 종합정보시스템 구축·운영)에 따라 화학물질 안전관리정보, 화학사고 발생 이력 및 화학사고 대비 대응 등 관련 정보를 화학물질 취급자, 화학사고 대응 기관 및 국민에게 제공하는 포털 사이트.

2. 화학물질안전원
화학사고를 예방·대응하는 전문 기관으로 환경부와 유역·지방환경청, 전국 6개 합동방재센터를 지원, 화학사고·테러 시 전문 인력과 장비, 위험범위 예측 평가, 과학적 대응 기술과 정보를 제공하고 유해 화학물질 안전교육 대상자를 위한 교육 서비스도 운영한다.

2012년 경북 구미의 한 공장 내 불산 저장탱크에서 발생한 폭발 사고를 기억하는 사람이 많을 것입니다. 이 사고로 5명이 유독가스로 숨지고 주민들도 막대한 피해를 입었습니다. 구미 가스 누출 사고는 유해 화학물질에 대한 경각심을 일깨워줬습니다. 또한 정부 차원의 화학안전TF를 구성해 화학사고 예방을 위한 화학물질관리법상의 주요 제도를 도입하는 계기가 됐습니다. 제도를 시행한 후, 2015년 전북 군산의 한 공장에서 발생한 사염화규소 혼합물 누출 사고 때는 행정청에 신고하지 않은 해당 회사에 피해 규모에 비례해 산정한 하루 영업정지 처분이 내려지기도 했습니다.
이 같은 화학사고로 인해 인근 주민의 건강 피해도 컸습니다. 구미 사고 때는 3,000명 이상, 군산 사고 때는 300명 이상이 병원 진료를 받은 것으로 알려졌습니다. 중대재해처벌법을 시행한 후 구미나 군산에서와 같은 사고가 발생한다면 '동일한 사고로 3개월 이상 치료가 필요한 질병자가 10명 이상 발생'(중대재해처벌법 제2조 제3호 다목)한 중대시민재해로서 사업주 또는 경영책임자등이 중대재해처벌법 제9조 제1항 각호에 정한 안전 및 보건 확보의무를 이행하지 않은 것과 인과관계가 인정되는 경우 제10조 제2항에 따라 7년 이상 징역 또는 1억원 이하 벌금에 처해질 수 있으며, 제15조에 따라 최대 5배의 징벌적 손해배상책임을 질 수 있습니다.

화학물질로 인한 산업재해는 인류가 직업을 가지고 조직화된 생산 산업에 종사하기 시작한 이래 항상 존재해왔습니다. 영어 표현 중에 'as mad as a hatter', 직역하면 '모자 장수처럼 미친'이라는 표현이 있습니다. 〈이상한 나라의 앨리스〉에 등장하는 모자 장수를 떠올려보면 바로 이해할 수 있을 것입니다. 이 표현은 모자를 만들 때 사용하던 수은 성분 때문에 많은 근로자가 만성 수은중독으로 인한 신경학적 증상을 보였기 때문에 생겼다고 합니다.

이처럼 화학물질이 인체에 미치는 영향에 무지하던 시절에는 단지 특정 직업에 종사한다는 이유로 유해 화학물질에 노출되는 현실을 감내해야 했습니다. 현대의 산업안전보건제도하에서는 중금속, 유기화합물, 석면, 박테리아나 바이러스 등 각종 유해 인자가 인체에 미치는 영향이 잘 알려져 있습니다. 그리고 사업주에게 유해 물질의 허가 후 사용, 보건조치, 작업 환경 측정, 건강진단, 물질안전보건자료(MSDS)의 작성 및 제공 등 각종 의무를 부여해 근로자의 안전과 보건을 유지하도록 하고 있습니다.

그럼에도 여전히 많은 근로자에게 유해 화학물질로 인한 산업재해가 발생하고 있습니다.

2020년도 산업재해통계에 따르면, 금속 및 중금속 중독으로 인한 질병자가 16명, 사망자가 4명이며, 유기화합물 중독의 경우 질병자 15명, 사망자 9명, 기타 화학물질 중독 질병자 104명, 사망자 39명이 각각 발생했습니다.

중대재해처벌법에 제2조 제2호에서 중대산업재해를 정의하며 사망자 1명 이상(가목) 및 동일한 사고로 6개월 이상 치료가 필요한 부상자 2명 이상 발생(나목) 외에 다목으로 '동일한 유해 요인으로 급성중독 등 대통령령으로 정하는 직업성 질병자가 1년 이내에 3명 이상 발생'한 경우를 포함하고 있습니다. 최근 제정된 대통령령에서 중대재해로 인정된 직업성 질병 24가지 중 대부분은 화학물질이나 생물학적 유해 인자에 대한 노출에 따른 질병에 해당합니다.

이와 같은 직업성 질병은 비단 화학사고(화학물질관리법 제2조 제13호의 정의에 따르면 시설의 교체 등 작업 시 작업자의 과실, 시설 결함·노후화, 자연재해, 운송사고 등으로 인해 화학물질이 사람이나 환경에 유출 및 누출되어 발생하는 모든 상황을 말한다)에 의거하지 않더라도 사업장에서 근로자에게 발생할 수 있는 모든 노출에 의한 급성중독을 포괄하는 개념입니다. 즉 특별한 화학사고가 없었더라도 근로자에게 화학물질 노출과 인과관계를 지닌 급성중독 증세가 나타나면 중대재해로 인정될 수 있습니다.

> **물질안전보건자료 (MSDS)**
> 화학물질에 대한 안전상·보건상의 기초 자료(화학명, CAS(Chemical Abstracts Service) 등록 번호, 유해한 특성, 알려진 급성·만성 건강 자료 포함)를 정리, 이에 따른 항목을 세분화해 근로자에게 제시하고 이를 활용해 취급 물질로 인한 재해가 발생하지 않도록 예방하려는 목적의 문서.

특별한 화학사고가 없었더라도 근로자에게 화학물질 노출과 인과관계를 지닌 급성중독 증세가 나타나면 중대재해로 인정될 수 있다.

SECTION 2 *Case 3*

선박 안전사고

: 선박의 운항과 관련없는 작업을 수행할 때는
산업안전보건법상 안전조치 내용을 참고해 보완해야 합니다.

제주 차귀도 해상서 갈치잡이 어선 화재…
한국인 선원 1명 사망

제주 차귀도 해상 인근에서 갈치 잡이 배에 불이 나 11명이 실종됐다. 해경은 사고 해상에서 김모(60·경남 사천)씨 1명을 구조해 제주시내 병원으로 이송했지만 결국 사망했다.

19일 오전 7시 5분께 제주 차귀도 서쪽 76km 해상에서 통영 선적 연승어선 대성호(갑29t·승선원 12명)에 화재가 발생했다는 신고가 제주해양경찰서에 접수됐다. 대성호는 지난 8일 오전 10시30분 경남 통영항에서 조업차 단독 출항, 지난 18일 입항할 예정이었다.

해경은 오전 10시21분께 사고 선박에서 남쪽으로 7.4km 떨어진 해상에서 선원 김모씨를 구조했다. 김모씨는 구조 당시 화상을 심하게 입은 상태로, 의식과 호흡·맥박이 없었으며 구명조끼를 입고 있지 않았던 것으로 전해졌다.

해경 조사결과 출항신고서에 기재된 승선원은 한국인 6명, 베트남인 6명이다. 김모씨를 제외한 나머지 승선원 11명은 아직 실종 상태다.

현재 제주도 전 해상에 발효된 풍랑주의보로 수색작업에 어려움을 겪고 있다. 사고 해상에는 2~3m의 높은 파고가 일고 있어 소형 함정은 사고 현장에 접근하지 못하고 있다.

한편 이날 문재인 대통령은 "모든 자원을 총동원해 인명 구조에 최선을 다하라"고 지시했다.

문 대통령은 "높은 파고와 차가운 수온으로 신속한 구조가 무엇보다 중요한 만큼 행정안전부 장관과 해양수산부 장관이 해경·해군·지자체 등 관련 기관과 합동 구조활동이 효율적으로 진행되도록 상황을 철저히 관리하라"고 지시했다.

한경닷컴뉴스룸

1. 선박 안전교육 VR 콘텐츠
대한안전교육협회가 삼성그룹 HR 전문 기업인 멀티캠퍼스와 VR 안전교육 콘텐츠를 제작하고 있다. 현재 선박 안전을 주제로 한 VR 콘텐츠 개발이 완료됐으며, 추가로 지진·교통안전·산업안전·재난안전 등의 콘텐츠를 선보일 계획이다.

2. 한국해양교통안전 공단(KOMSA)의 무상 안전 점검 서비스
한국해양교통안전공단 홈페이지를 통해 무상 안전 점검 서비스, 안전관리책임자 교육을 손쉽게 신청하고 확인할 수 있다. 기존의 '선박 검사, 정보 조회' 외에 해양교통 관련 빅데이터 정보, 실시간 여객선 운항 정보, 여객선 안전운항관리 관련 법령 정보 등을 한 눈에 볼 수 있다.

선박의 안전사고는 최근 5년 동안 연평균 167.4척에서 발생했으며, 사상자 수가 연평균 172.6명에 달합니다. 즉 사고 대비 사상자 비율이 높다는 것을 알 수 있습니다. 선박 안전사고 중 가장 빈번하게 발생하는 유형은 질식사고입니다. 선박 안에는 각종 창고, 가스 설비 등이 있는 밀폐 공간이 많습니다. 근로자가 작업 중 질식하는 사고가 자주 발생하고 있는 것도 그런 이유에서입니다.

올해 발생한 사고만 보더라도 아연정광을 수송하는 화물선에서 하역 작업을 하던 중 가스 질식(추정)으로 2명이 사망한 사건이 있었습니다. 또한 여수에서는 폐기물 운반 선박의 폐유 탱크 안에서 청소 작업을 하던 작업자가 의식을 잃고 병원으로 이송된 사례도 발생했습니다.

선체가 높은 선박의 경우 추락 사고도 자주 일어납니다. 지난 3월에는 울산항 앞바다에 정박 중인 화물선에 오르던 근로자가 추락해 부상당했고, 9월에는 정박 중이던 화물선 안에서 화물 적재 상태를 확인하던 근로자가 11m 아래로 추락한 사고도 있었습니다. 육상에서는 20m 높이 선박 정비시설에서 해양경찰관이 추락해 사망한 사고가 발생하기도 했습니다. 이 외에 줄잡이가 작업 중 추락, 화물이나 선박 구조물에서의 낙하 등도 주요한 선박 안전사고입니다.

사실 선박안전법의 적용을 받는 선박의 경우 선박안전법 등에 따른 조치는 이행하더라도 산업안전보건법상 안전조치를 이행하지 않는 사례가 많았습니다. 이는 선박안전법 적용 사업의 경우 산업안전보건법상 일부 규정을 적용에서 제외한다는 규정이 있었고, 적용에서 제외하는 일부 규정에 안전조치(보건조치는 적용)와 관련한 규정이 포함됐기 때문입니다. 이러한 법령 내용은 선박 운항 과정의 업무 특수성으로 인해 산업안전보건법 규정을 개별 선박에 그대로 적용하기 어려운 점, 선박 운항에 관한 특별법이라고 할 수 있는 선박안전법이 운항 안전과 관련한 별도 규정을 두고 있는 점도 고려한 것입니다.

고용노동부(근로감독관)도 실무적으로는 운항 시 선박안전법이 적용되는 선박에 대해 산업안전보건법에 근거한 감독을 시행하지 않는 경우가 많았던 것으로 보입니다. 선박안전법이 적용되는 선박은 감독하지 않고, 선박안전법이 적용되지 않는 어선 등은 감독하는 식으로 이뤄질 수 있습니다.

그러나 고용노동부는 '선박의 운항'과 관련, 산업안전보건법 일부 규정을 적용에서 제외하더라도 선박이 항구에 정박해 '운항과 관련 없는 작업'을 수행하는 중에는 산업안전보건법이 적용된다고 해석한 바 있습니다(산재예방정책과-3258, 2018년 7월 19일). 이런 해석에 따르면 선박이 항구 등에 정박한 상태에서 화물을 선적, 하역하거나 선박 수리 또는 선용품을 보급하는 등의 작업을 수행하는 경우 산업안전보건법을 모두 적용하는 것으로 해석될 가능성이 있습니다. 산업안전보건법에 따라 관할 고용노동청에서 지속적으로 이행 상황을 점검할 수도 있습니다. 또한 중대재해처벌법 제4조 제1항 제4호에 따라 사업주 등은 종사자의 안전 및 보건 확보를 위해 안전·

> 선박이 항구 등에 정박한 상태에서 화물을 선적, 하역하거나 선박 수리 또는 선용품을 보급하는 등의 작업을 수행하는 경우 산업안전보건법을 모두 적용하는 것으로 해석될 가능성이 있다.

보건관계법령에 따른 의무가 이행되도록 관리해야 하는 바, 여기서 말하는 '안전·보건 관계 법령'에는 선박안전법 및 선원법 등이 포함되는 것으로 해석될 가능성이 큽니다.

이상과 같은 선박 안전사고 발생 내용과 산업안전보건법 등 안전 관련 법령의 적용 가능성을 살펴봤을 때 앞으로는 선박사고를 예방하기 위해 더욱 철저한 조치가 필요할 것입니다. 산업안전보건법상 안전조치 내용을 참고해 안전수칙을 보완하고, 일반 산업 현장과 같이 작업 절차서 및 위험 작업 허가 승인 절차를 갖추는 것, 안전보건교육 실시, 선박 내 밀폐 작업 프로그램 마련 등이 개선 조치의 예가 될 수 있을 것입니다. 실제 선박안전사고와 관련해 선박이 항만에 정박한 화주의 화물 적하 작업을 하던 중 협력업체 직원이 선박에 승선해 작업을 하다가 추락, 질식 등의 안전사고를 당하는 경우, 선박의 안전관리자와 화물적하작업을 도급한 화주 중 누구에게 사고에 대한 안전보관리책임이 있는지 문제가 될 것입니다.

다만 상시적 점검이나 이행 여부 감독이 어려운 선박의 특성상 안전 관련 수칙을 제대로 지키지 않은 것도 사고 원인이 됐다는 점을 고려하면, 선원 및 근로자가 수칙을 준수해 작업할 수 있도록 정부가 환경과 체계를 마련하는 일이 무엇보다 중요할 것입니다.

선용품

· 식료품·연료·수리용 예비 부품 등 비품 및 소모품으로 선박에서 상용되는 물건의 총칭이다. 선박용 물건(船舶用物件)이라 표현하기도 한다. 선용품은 종류마다 각각의 시험 기준이 있으며, 선박에 비치한 후 다시 제거하는 것이 곤란한 점을 감안해 예비 심사 및 형식승인제도를 통해 사전에 검사 및 승인을 받을 수 있는 것이 특징이다.

SECTION 2 Case 4

건축물 붕괴 사고

: 공중이용시설의 붕괴는 다수의 인명 피해를 낼 수 있습니다.
공중이용시설을 보유하고 있다면, 시공부터 철거까지 안전 및 보건 확보의무를 성실히 이행해야 합니다.

징벌적 손해배상
민사재판에서 가해자의 비도덕적·반사회적 행위에 대해 일반적 손해배상을 넘어선 제재를 가함으로써 형벌적 성격을 띠고 있다고 볼 수 있다.

건축물 붕괴 사고는 많은 사상자와 막대한 재산 피해가 발생한다는 점에서 철저한 예방이 필요합니다. 우리나라는 과거 안전 불감증과 건축물 안전 규정 미준수로 성수대교 붕괴 사고, 삼풍백화점 붕괴 사고와 같이 사회에 큰 충격을 안겨준 붕괴 사고를 겪었습니다. 이후 건축물 안전 규정을 계속 정비해왔지만, 최근 서울 서초구와 광주광역시에서 철거 중인 건물이 붕괴되는 사고가 연달아 발생하면서 경각심을 놓을 수 없는 상황임을 실감했습니다.

중대재해처벌법에서는 건축물 붕괴 사고가 발생했을 때 누구에게 어떤 책임을 묻게 될까요. 중대재해처벌법에서는 중대시민재해를 '특정 원료 또는 제조물, 공중이용시설 또는 공중교통수단의 설계·제조·설치·관리상의 결함을 원인으로 하여 발생한 재해'로 규정합니다. 이 중 건축물 붕괴 사고는 대부분 '공중이용시설'의 결함으로 인해 원인 발생한 재해에 해당할 것입니다.

그런데 위 정의 규정에서도 알 수 있듯, 중대재해처벌법은 건축물 중 공중이용시설에 한해 중대시민재해를 인정한다는 점에 주목할 필요가 있습니다. 중대재해처벌법과 그 시행령에서는 아래와 같이 다중 이용성, 위험성, 규모 등을 고려해 공중이용시설의 범위를 구체적으로 나열하고 있습니다.

가목 – 「실내공기질법」상 시설
일정 규모 이상의 지하 역사·지하도 상가, 공중교통수단의 대합실, 도서관·박물관·미술관, 의료기관·노인요양시설, 어린이집·어린이 놀이시설, 대규모 점포, 지하 장례식장, 전시시설, 업무시설, 둘 이상의 용도에 사용되는 건축물, 실내 공연장, 실내 체육시설

나목 – 「시설물안전법」상 시설물
일정 규모 이상의 도로·철도의 교량·터널, 항만, 댐, 철도역시설, 일정 규모 이상의 건축물, 판매시설, 수련시설 등, 하구둑·제방·보, 상하수도, 옹벽 및 절토사면

다목 – 「다중이용업소법」상 영업장
일정 규모 이상의 식품 접객업 영업장, 영화 상영관 등, 학원, 목욕탕, PC방·게임장, 노래방, 산후조리원, 고시원, 권총사격장, 스크린 골프장, 안마시술소

라목 – 가목부터 다목까지에 준하는 그 밖의 시설
일정 규모 이상의 준공 후 10년이 지난 도로·철도의 교량·터널, 주유소·가스충전소, 놀이동산

여기서 주의해야 할 점은 ① 소상공인 사업장, 학교·유치원 등 교육시설, 공동주택은 중대재해처벌법상 공중이용시설에 포함되지 않으며 ② 시행령에서 각 공중이용시설별로 중대재해처벌법의 적용을 받는 구체적인 면적 기준을 제시하고 있다는 것입니다. 따라

서 특정 건축물이 중대재해처벌법의 적용을 받는지는 중대재해처벌법상 공중이용시설에 해당하는지를 확인한 후, 해당 건축물이 시행령에서 정한 면적 기준 이상의 규모인지를 살펴봐야 합니다(예를 들어 실내 공연장은 객석 수 1,000석 이상인 경우에만 중대재해처벌법상 공중이용시설에 해당합니다).

앞서 언급한 성수대교와 삼풍백화점은 위 공중이용시설 중 일정 규모 이상의 교량, 대규모 점포에 해당합니다. 만약 두 붕괴 사고가 중대재해처벌법 시행 이후에 발생했다면 해당 사고의 책임자등은 중대재해처벌법에서 정한 무거운 형사책임과 징벌적 손해배상제도에 따른 막대한 배상금을 부담했을 것입니다. 그렇다면 공중이용시설이 아닌 건물이 붕괴될 경우 중대시민재해에 해당하지 않는 것일까요. 이 점에 대해서는 다소 논란이 있을 수 있겠지만, 중대재해처벌법상으로는 중대시민재해에 해당하지 않는다고 볼 수 있습니다. 현재 국회에서는 중대재해처벌법에 이어서 건설현장의 안전확보를 위한 '건설안전특별법' 제정을 추진하고 있습니다. 2021년 6월 발의된 건설안전특별법안은 발주·설계·시공·감리자에게 안전관리 의무를 부여하고, 그 의무를 소홀히 하여 사람을 사망에 이르게 한 경우 7년 이하의 징역 또는 1억원 이하의 벌금에 처하도록 정하고 있습니다. 이처럼 건설공사 참여자 모두에게 강력한 제재를 예고한 건설안전특별법과 중대재해처벌법을 모두 적용받게 될 건설업계는 안전한 건설현장을 조성하기 위해 분주히 대응책을 마련하고 있습니다.

과거 건축물 붕괴 사고에 관련한 기업들은 막대한 민형사상 제재를 받았을 뿐 아니라 지금까지 쌓아온 대외 이미지가 추락해 더 이상 사업을 운영할 수 없는 수준의 타격을 받았습니다. 공중이용시설을 보유하고 있는 기업은 건축물의 시공부터 철거에 이르는 전 과정에서 관련 법령의 안전 및 보건 확보의무를 충실히 이행하고 사소한 하자일지라도 철저히 보수해 중대재해 발생을 예방해야 합니다.

2명 사망한 광주 클럽 붕괴 사고… 국토부, 불법증축 점검 지시

국토교통부가 광주광역시 서구 2층 클럽에서 발생한 붕괴 사고와 관련해 불법증축(구조변경)에 대한 점검을 실시하라고 전국 지자체에 28일 지시했다.

국토부는 유사 사고 예방을 위해 각 지자체에 다중이용건축물 등 정기점검대상 건축물에 대한 불법증축(구조변경) 점검을 신속히 실시하고 이를 이행하지 않을 경우 이행강제금 반복부과 등의 조치를 취하도록 지시했다.

현행 건축법 제35조에 따르면 다중이용건축물, 3000㎡이상 집합건축물, 다중이용업의 용도로 쓰이는 건축물로서 조례로 정하는 건축물, 준다중이용건축물중 특수구조건축물 등은 불법증축 여부에 대한 정기점검을 받아야 한다.

이를 위반하면 관리 및 건축 법령에 따른 고발 및 이행강제금이 부과된다. 도시지역에서 불법건축 행위자는 3년 이하의 징역 또는 5억원 이하의 벌금에 처해진다.

이번 광주 클럽 붕괴 사고는 불법증축으로 추정되는 곳에서 발생했으며 구체적인 사고 원인은 국과수의 현장 감식 등에 따라 밝혀질 전망이다.

광주시와 경찰 등에 따르면 지난 27일 광주 서구 치평동 모 클럽 복층 구조물 붕괴 사고로 2명이 숨지고 세계수영선수권대회 출전 선수 8명 등 23명이 부상을 입었다.

광주시는 사고발생 직후 행정부시장 주재로 긴급 대책회의를 갖고 신속한 사고수습과 함께 불법증축 위법사실에 대해서는 엄중조치키로 했다. 또 광주시내 다중이용업소 등을 대상으로 특별안전점검을 벌일 계획이다.

이소은 기자

1. 건축물 붕괴 징조
- 건물 바닥이 갈라지거나 함몰되는 현상이 발생할 때
- 창이나 문이 뒤틀리고 열고 닫기가 어려울 때
- 바닥의 기둥 부위가 솟을 때
- 기둥 주변에 거미줄형 균열이나 바닥 면의 급격한 처짐 현상이 발생할 때
- 가스, 연기, 매캐한 냄새가 나며 건물 내에서 갑자기 바람이 불어올 때
- 폭발하는 소리, 철근 끊어지는 소리가 연속적으로 들릴 때

2. 붕괴 사고 신고 요령
- 붕괴 징후를 발견하면 큰 소리로 외치거나 비상벨을 눌러 주변 사람들에게 알리고 대피하게 한다.
- 건물 밖으로 즉시 대피하고 119에 신고해 붕괴된 건축물의 위치를 알린다(예: "여기는 ○○구○○동 ○○로 ○○건물이 붕괴됐다"라고 정확하고 침착하게 말해야 한다).

SECTION 2 Case 5

군대 사고

: 군인들의 재해사고는 군인재해보상법에 따라 보상이 이뤄지고 있습니다.
그러나 군인도 특정직공무원으로 분류되므로 중대재해처벌법이 적용될 것으로 보입니다.

화제의 드라마 〈D.P.〉에 등장하는 헌병대 군무 이탈 체포조는 군탈영병들을 체포하러 돌아다닙니다. 탈영병들을 신속하게 잡아 와야 하는 이유는 그들을 무사히 부대로 복귀시키기 위해서입니다. 대부분의 탈영병은 폭력과 가혹 행위 등 부조리를 견디지 못하고 탈영을 감행합니다. 체포조는 그들이 행여나 극단적 선택을 하기 전에 안전하게 데려와야 한다는 것입니다.

일반 사업장과 마찬가지로 군대에서도 군인들의 업무 수행 과정 중 여러 안전사고가 발생할 수 있습니다. 지뢰 폭발 사고, 총기 사고, 기지 보수 작업 중 재해사고, 크고 작은 교통사고부터 헬리콥터 사고 등 유형도 매우 다양합니다. 군인이 복무 중 스트레스를 견디지 못해 극단적 선택을 하는 사례도 보도된 적이 있습니다.

이러한 군인들의 재해사고로 인한 부상, 질병, 장해 및 사망에 대해서는 현재 군인 재해보상법에 따라 군인 및 그 유족에게 보상이 이뤄지고 있습니다. 만약 군인들의 재해사고가 군형법 등 각종 법규를 고의로 또는 과실로 위반해 발생한 것이라면 군형법이나 국방부 군인 공무원 징계업무처리 훈령에 따라 징계 또는 형사처벌을 받게됩

작년 軍사망자 43% 국방부 통계에 미반영…
군기사고 96% '자살'

군 사망자 통계에 잡히지 않는 사망자가 지난해 전체의 40%를 넘긴 것으로 나타났다. 군이 발표하는 사망자 수가 실제 군대 내 사망자보다 큰 폭으로 적다는 의미다.

6일 국회 국방위원회 소속 김민기 더불어민주당 의원이 국방부로부터 제출받아 공개한 자료에 따르면, 지난해 통계에 반영되지 않은 군내 사망인원은 42명으로 전체 사망자 97명의 43.3%에 해당하는 것으로 나타났다. 국방부가 통계로 잡은 작년 사망자는 55명이다.

김 의원실이 확인한 최근 5년치 통계를 살펴보면, 전체 군 사망인원(628명)과 통계에 반영된 군 사망자수(383명)에는 큰 차이가 있다. 약 39% 더 적은 사망자가 발표된 것이다.

통계에 반영되지 못한 군 사망자는 2016년 50명(통계에 반영된 사망자 81명), 2017년 56명(75명), 2018년 48명(86명), 2019년 49명(86명), 2020년 42명(55명)에 달한다. 원인은 국방부의 사망사고 통계 기준 때문이다.

국방부는 군인의 사망을 '통계 사망사고'와 '비통계 사망사고'로 분류한다. 통계 사망사고는 다시 '군기사고'와 '안전사고'로 나뉘는데, 총기 강력·폭행치사·일반강력·자살·음주운전 사망 등의 군기사고와 교

해당 사진은 기사와 무관함
사진=게티이미지

통사고·항공기 사고·화재·폭발물·총기오발·익사 등 안전사고로 구성된다.

이중 자살자의 비중이 가장 크다. 작년까지 최근 5년간 국방부 통계 사망자(383명)의 69.1%, 군기사고 사망자(276명)의 96.3%가 극단적인 선택을 한 경우다.

반면 질병으로 인한 사망, 급사(急死), 의사(義死), 천재지변 등에 의한 재해사고와 민간인에 의한 사망의 경우는 비통계 사망사고로 분류돼 국방부가 공개하는 통계에는 반영되지 않는다.

김민기 의원은 "국방부는 군 복무 중 발생한 모든 사망사고에 대해 보다 정확하게 통계를 작성·분석하고 방지대책을 수립해야 한다"고 강조했다.

문혜정 기자

1. 군 사망 사고의 개념
- 안전사고 : 고의성이 없는 불안전한 인간의 행동과 불안전한 물리적 상태 및 조건이 원인이 되어 사망을 초래한 사고
- 군기사고 : 군형법, 군인의 지위 및 복무에 관한 기본법 등 각종 법규를 고의 또는 과실로 위반해 발생한 사건·사고로 징계 또는 형사처벌의 대상이 되는 사고

2. 국방부와 육해공군 등 각 군에 성희롱·성폭력 예방·대응 전담 조직 신설
강력한 정책 추진을 위해 국방부 및 각 군 본부에 '성희롱·성폭력 예방·대응 전담 조직'을 장관 직속으로 설치해 각 군 내 중요 사건을 상시 모니터링하고 신속히 조치해 피해자를 보호한다.

니다.

그렇다면 군대에서 일어나는 사고도 일반 산업현장에서 발생하는 사고와 마찬가지로 중대재해처벌법을 적용할 수 있을까요.

해외 입법례를 살펴보면, 영국의 경우 산업안전보건법이 국방부 및 영국 군대에도 적용된다고 명시하고 있습니다. 하지만 국방부는 왕실의 부처로서 형사 기소 등이 면제돼 산업안전보건법을 위반한 경우라도 처벌받지 않고 왕실의 견책에 그친다고 합니다.

우리나라의 중대재해처벌법 제2조 제2호에서 규정하고 있는 '중대산업재해'는 산업안전보건법상의 '산업재해'를 전제로 합니다. 그리고 산업안전보건법 제2조 제1호의 '산업재해'는 '노무를 제공하는 사람이 업무에 관계되는 건설물·설비·원재료·가스·증기·분진 등에 의하거나 작업 또는 그 밖의 업무로 인해 사망 또는 부상하거나 질병에 걸리는 것'을 의미합니다.

따라서 군인에 대해 중대재해처벌법을 적용할 수 있는지는 군인을 '노무를 제공하는 사람'으로 볼 수 있는지와 관련되는 문제라고 볼 수 있습니다.

그런데 고용노동부는 2021년 11월 발간한 중대재해처벌법 해설서에서 "공무원도 임금을 목적으로 근로를 제공하는 사람으로서 근로기준법상 근로자이므로 중대재해처벌법 제2조 제7호 가목의 종사자에 해당한다"라는 견해를 밝혔습니다. 국가공무원법 제2조 제2항 제2호에 따르면, 군인은 특정직공무원으로 분류되므로 고용노동부의 해설에 의거해 군인에게 발생한 재해에도 중대재해처벌법을 적용할 수 있을 것으로 보입니다.

그렇지만 현재까지 군대 내 사고에 대해서는 일반 산업안전·보건법 등 민간 사업장의 안전·보건 관련 법령을 제한적으로 적용해왔

> 군인에 대해 중대재해처벌법을 적용할 수 있는지는 군인을 '노무를 제공하는 사람'으로 볼 수 있는지와 관련되는 문제라고 볼 수 있다.

습니다. 이에 군대 내 사고에 대한 중대재해처벌법의 적극적 적용 가능성을 두고 여러 논란이 예상됩니다. 예를 들면 직업군인이 아닌 의무복무에 따른 군인의 경우 임금을 목적으로 근로나 노무를 제공하는 사람과 동일하게 볼 수 있을지에 대해 의견이 분분할 것으로 보입니다.

군인들에게 발생할 수 있는 사고 중 어느 범위까지를 중대재해로 인정할 수 있을지도 생각해봐야 할 문제입니다. 예컨대 작업 중 사고, 훈련 중 사고, 전시 상황에서의 사고 모두를 중대재해로 인정할 수 있을지 등도 논란이 예상됩니다. 또한 자살은 스스로 죽음을 선택했다는 측면에서 이를 업무로 인해 사망한 것으로 볼 수 있을지, 즉 업무와 사망이라는 결과 사이의 인과관계를 인정할 것인지 논란이 될 수 있습니다.

최근 국방부는 2020년도에 안전사고 보고, 조사 및 대응과 안전 문화 증진, 위험성평가 등을 도입한 국방안전훈령을 발령했습니다. 국방부는 위 국방안전훈령이 산업안전보건법과 미국 국방부 안전관리훈령 등 국내외 선진 안전관리제도를 우리 현실에 맞게 도입·적용했다고 설명했습니다. 향후 위 국방안전훈령과 더불어 중대재해처벌법도 군인들의 재해를 예방하는 데 기여할 수 있을지에 대해 관심 있게 살펴볼 필요가 있습니다.

군 사망사고 추이

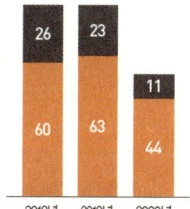

자료: 국방부(내부행정자료)

SECTION 2 Case 6

화재 사고

각 사업장은 중대재해처벌법 시행 및 화재 소방관련 법률의 개정에 맞는 화재 예방 및 대응·체계를 구축해야 합니다.

대구 사우나 화재 2명 사망 40여명 부상… 천안 오피스텔서 화재 1명 의식불명

대구 도심 사우나 및 천안 오피스텔 등에서 화재가 발생해 인명피해가 발생했다.

19일 오전 7시 11분께, 대구시 중구 포정동 7층짜리 한 건물 4층에 위치한 사우나 남탕에서 불화가 시작됐다. 이 불로 사우나 안에 있던 손님과 건물 다른 시설에 있던 40여명이 연기를 마셔 병원으로 옮겨졌으며, 이 가운데 2명은 숨졌다.

숨진 2명은 불이 난 남탕에 쓰러져 있다가 화재 진압을 마치고 현장 수색을 하던 소방관들에게 발견된 것으로 전해졌다.

연기는 여탕이 있는 3층까지 퍼져 손님들이 대피하는 소동이 벌어졌다. 소방당국은 화재 원인을 조사 중이다. 한편 이날 오후에는 천안 오피스텔서도 화재가 발생했다.

불은 이날 낮 12시 17분께 충남 천안시 두정동 한 오피스텔 2층에서 났으며 출동한 119 소방대에 의해 12시 50분께 꺼졌다.

소방당국은 현장에서 연기를 마신 주민 6명을 구조했고, 이 가운데 5명은 병원으로 옮겨져 치료를 받고 있다.

병원으로 옮겨진 주민 가운데 1명은 의식이 없는 상태라고 소방당국은 전했다.

경찰과 소방당국은 목격자 진술 등을 토대로 정확한 피해 규모와 화재 원인을 조사하고 있다.

이미나 한경닷컴 기자

1. 한국소방안전원
소방기술과 안전관리에 관한 연구 조사 및 교육, 소방안전 및 기술·발전 보급을 위한 간행물 발간, 화재안전관리 및 안전 의식을 위한 홍보, 소방 업무에 관해 행정관청이 위탁하는 사업 등을 수행한다.

2. 대한산업안전협회, PSM ACADEMY
2021년 7월 16일부터 전부개정 산업안전보건법에 따라 5인 미만 사업장에도 '공정안전보고서 제출대상 유해위험물질 규정'이 적용됐다.
이에 대한산업안전협회는 사업장 내 PSM 전문가 양성을 위한 단계별 교육과정을 개설해 체계적이고 수준 높은 교육을 제공하고 있다.

2020년 4월 일어난 이천 물류창고 신축 공사 현장의 화재 사고는 물류창고 신축 중 내부 마감 공사 과정에서 발생했습니다. 사고로 인해 38명이 사망하고, 20여 명이 상해를 입는 안타까운 결과로 이어졌습니다.

다수의 피해자가 발생함에 따라 사회적 주목을 받은 이 사건에 대해 검찰은 수사본부 및 수사팀을 구성하고 대대적인 수사를 진행했습니다. 그 결과 하청업체, 시공사, 감리 등 8명을 구속 기소하고, 발주처 소속 태스크포스(TF) 팀장 1명은 불구속 기소했습니다.

검찰은 형법상 업무상과실치사(지상 3층에서 발생한 승강기 용접 작업에 따른 화재 부분), 산업안전보건법 위반(지하 2층에서 발생한 3번 냉각기 화재 부분)으로 기소했습니다. 1심에서는 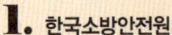 시공사 임직원에 대해 지하 2층 냉각기에서 화재가 발생했는지가 불분명하다는 점을 근거로 산업안전보건법 위반 부분은 무죄로 판단했습니다.

하지만 업무상과실치사죄는 유죄로 인정했지요. 또한 1심은 발주처 임직원 대해서도 결로를 막겠다는 이유로 대피로 폐쇄 결정을 내려 피해를 키운 점을 이유로 유죄판결을 내렸습니다. 반면 항소심 재판부는 시공사 임직원에 대해 유죄판결을 유지하면서도 발주처 임직원에 대해서는 대피로 폐쇄 결정이 산업안전보건법 개정 이전에 이뤄졌기에 발주처에 안전조치의무를 직접적으로 물을 수 없다는 점 등을 근거로 무죄를 선고했습니다.

현재 이 사건은 대형 인명 피해가 발생한 사고였을 뿐 아니라, 법정에서 화재 원인이나 발주처의 책임에 관해 판결이 이뤄졌다는 점에서 대법원 판결의 향방이 주목되고 있습니다. 만약 이 사고가 중대재해처벌법 시행 후 발생했다면 어땠을까요.

먼저 수사기관에서 조사 대상이 될 사항은 시공사 및 발주처의 경영책임자등이 화재 사고의 원인이 된 업무에 대해 중대재해처벌법상의 도급, 용역, 위탁 등 관계에서 안전보건확보의무를 위반했는지 및 화재 관련 법률상 의무를 위반했는지가 될 것입니다. 발주처가 건설공사의 발주자로서 실질적 지배·운영·관리의 책임이 없다고 인정되면, 발주처의 경영책임자등은 중대재해처벌법에 따른 책임을 부담하지 않고, 산업안전보건법에 따른 도급인의 책임 역시 부담하지 않을 것입니다.

그렇지만 발주처가 통상적 발주자의 역할 및 권한을 넘어 건설 공사를 실질적으로 주도하며 직접 개입 혹은 지시했거나 그러한 개입이 가능한 지위에 있었다면 달리 해석할 여지도 있습니다. 이 경우 실질적 지배·운영·관리 책임이 인정돼 중대재해처벌법상의 안전보건확보의무 책임을 부담할 수 있습니다.

예컨대 발주처의 관리자 또는 담당 부서가 건설 현장에 상주하며 건설 관련 회의 등에 참여해 업무 지시를 했다면 해당 발주처는 중대재해처벌법의 적용 대상에 포함된다는 주장이 제기될 가능성이 높습니다. 발주처가 화재 발생 위험 및 대피로 확보 등과 관련해 위험 요인 확인 등 안전 관련 법령의 준수 여부를 점검하는 데 소홀했는지도 중대재해처벌법 위반 여부를 판단하는 근거가 될 수 있습니다. 또한 시공사는 해당 공사 현장을 실질적으로 지배한다고 볼 수 있으므로 공사 현장 관리에 소홀했다면 발주처의 중대재해처벌법상 책임 유무와 관계없이 시공사의 경영책임자등에 대한 안전보건확보의무 위반이 인정될 가능성이 높습니다.

최근 국회는 기존에 화재 예방과 소방에 대해 전반적으로 규율하고 있던 '화재 예방, 소방시설 설치·유지 및 안전관리에 관한 법률'을 '화재의 예방 및 안전관리에 관한 법률'과 '소방시설 설치 및 관리에 관한 법률'로 분리하는 개정안을 2021년 11월 11일 자로 본회의에서 통과시켰습니다.

이 법률 개정안은 물류창고 공사장 화재 사고 등 대형 화재 사고의 재발을 방지하기 위해 일정 규모의 건설공사 현장에 대한 소방안전관리자 선임 의무를 부여하는 등 소방안전관리를 강화하는 내용이 포함됐다는 점에서 의의가 큽니다. 따라서 각 사업장에서는 중대재해처벌법 시행 및 화재 소방 관련 법률의 개정에 맞춰 화재로 인한 사고 위험 요인 점검 및 관련 법규 이행 상황 검토, 필요한 안전교육 등을 통해 화재 예방 및 대응 체계를 철저히 정비할 필요가 있습니다.

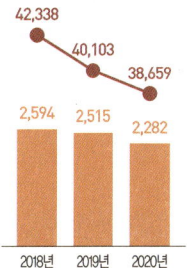

화재 건수 및 인명 피해 현황

■ 인명 피해 건수
━ 화재 발생 건수

42,338 / 40,103 / 38,659
2,594 / 2,515 / 2,282
2018년 / 2019년 / 2020년

자료: 소방청 '화재통계연보'

66
정부는 대형 화재사고의 재발을 방지하기 위해 일정 규모의 건설공사 현장에 대한 소방안전관리자 선임 의무를 부여하는 등 소방안전관리를 강화하고 있다.
99

항만 안전사고

- 최근 5년간 5개 항만에서 208명의 인명 피해가 발생했습니다.
  항만 안전관리에 대한 전반적인 정비가 필요하며,
  자체적 안전관리계획을 통해 안전사고를 방지해야 합니다.

사망사고 평택항 찾은 與 "안전규제 더 강화"

너붙어민주당이 산업재해를 막기 위한 안전규제 강화를 추진한다. 중대재해처벌법이 시행되기 전까지 현장의 규제 공백을 막겠다는 취지다. 일각에선 법이 시행되기도 전에 정치권이 무작정 규제부터 늘리려 한다는 지적도 나온다.

송영길 민주당 대표는 12일 산재 사망 사고가 발생한 경기 평택항만공사를 찾아 "산업재해 관련 태스크포스(TF)를 출범하고 중대재해법의 보완 여부를 점검하겠다"고 밝혔다. 그는 이날 평택항에서 열린 최고위원회의에서 "하루에도 6~7명의 근로자가 사망하는 산업현장은 전쟁과 같은 현장"이라며 "내년 중대재해법 시행 전에 보완점을 점검하고 관계기관과 대안을 찾을 것"이라고 말했다.

송 대표는 산업재해와 관련해 "단순 안전 문제가 아니라 원청, 하청, 재하청, 인력 파견과 같은 자본 구조가 놓여있다"고 진단했다. 그러면서 "도저히 그

단가로는 일하기 어려운 하청과 재하청의 먹이사슬 구조 속에서 제대로 된 안전 관리와 책임자 배치 없이 일용직 노동자들이 소모품처럼 쓰러지는 현장을 어느 대한민국에서 방치할 수 없다"고 말했다.

민주당은 산업안전법, 근로기준법 등 기존 법령에서 안전 조치를 강화할 방안을 검토하겠다는 계획이다. 산업재해TF 위원장을 맡은 김영배 최고위원은 "근로기준법에서 여러 안전 조치들 더 강화할 방안을 논의할 것"이라며 "산업재해가 생겼을 때 회사가 아니라 119 등 권한 기관에 먼저 신고하도록 하는 소방기본법 개정도 추진하겠

다"고 했다. 내년 1월 8일 예정돼 있는 중대재해법 시행 전 공백 문제에 대해서도 "현재 있는 산업법을 더 강하게 적용할 수 있는지 살펴보겠다"고 말했다.

중대재해법 적용 범위와 시점 등도 열어놓고 논의하겠다는 계획이다. 노동계는 중대재해법 시행령에 '2인 1조' 근무 등 명시하지 않고 주장하고 있다. 대표를 지벌 대상에 포함하냐를 두고서도 노동계와 경영계의 입장이 갈려 있다. 다만 시행령이 아닌 중대재해법 개정문제는 지난해 국회 통과 시 진통이 심했던 데다 아직 법 시행 잔여 적극적으로 논의하기엔 부담스러운 가능성이 크다. 민주당 관계자는 "시행령에서 할 수 있는 것부터 살필 것"이라고 했다.

민주당은 이날 전국 항만공사 유사 사업장에 대해 긴급 점검을 할 계획이다. 안경덕 고용노동부 장관을 불러 평택항에 대한 특별근로감독도 요청했다.

고용기자

1. 스마트 항만 안전 플랫폼 구축 예정

해양수산부는 '세계를 선도하는 스마트 해운물류 실현'이라는 비전 아래 2025년까지 선박 접안 시간 5% 단축, 항만 작업자 사고 30% 감소, 새로운 디지털 서비스 10개 창출, 스마트 해운물류 전문 인력 2,000명 육성 등을 목표로 항만 작업자 안전사고를 줄이기 위한 주요 과제를 추진해나갈 방침이다.

2. 세계 최초 해상 e-Navigation, 바다 내비게이션

바다 내비게이션은 국제해사기구(IMO)가 2005년 해운사고 예방과 환경보호를 위해 처음 e-Navigation 논의를 시작한 이래 국가가 해양 안전을 위한 대규모 정보 서비스를 제공하는 첫 사례로, 어선을 포함한 모든 국내 선박을 대상으로 충돌이나 좌초 등의 사고 예방과 항로, 전자해도, 기상, 해사 안전 정보 등을 제공한다.

2021년 4월, 경기 평택항 부두에서 용역 회사의 지시에 따라 컨테이너 청소 작업을 하던 대학생이 300kg에 이르는 개방형 컨테이너(FRC)의 뒤쪽 날개에 깔리는 사고를 당해 병원으로 이송했으나 사망하는 사고가 발생했습니다. 조사 결과 사고 원인으로는 △사고 컨테이너에 대한 전도 방지 조치(고정핀 장착 등)가 이뤄지지 않은 점 △무거운 물건을 취급하는 작업을 여러 명이 진행할 때 사고가 발생하지 않도록 적절한 신호 또는 안내가 있어야 하는데 그러지 않은 점 △지게차 활용이 부적절한 점 등이 복합적으로 작용한 것으로 추정됩니다. 또한 작업계획서를 작성하지 않은 점, 피해자에게 보호구를 지급하지 않은 점도 문제로 꼽힙니다.

이후 유사 사고 재발을 막기 위해 고용노동부, 해양수산부 등 관계 기관 합동으로 전국 5개 항만(부산, 인천, 여수·광양, 울산, 평택) 특별 점검 및 사고가 발생한 회사의 전국 지사에 대한 특별 감독도 진행했습니다. 5개 항만 특별 점검 결과 18개소

에 대한 점검을 완료해 시정 지시 193건, 과태료 1억 3,000만원이 부과됐고, 사고 발생 회사의 경우 산업안전보건법 위반 사항 197건이 적발돼 108건에 대해 사법 조치, 89건에 대해서는 과태료 1억 8,000여만원 부과 등의 조치가 이뤄졌습니다.

이처럼 안타까운 사고로 인해 항만 관련 안전보건 개선을 위한 많은 조치를 취했지만 과거에도 항만과 관련한 안전사고는 빈번히 발생했습니다. 지금도 위험 요소가 완전히 제거됐다고 보기는 어려울 것입니다.

최근 5년간 5개 항만에서 208명의 인명 피해가 발생했다는 통계가 있고, 평택항 사고 한 달 뒤 부산항에서 근로자가 지게차에 깔려 사망하는 사고가 발생하기도 했습니다.

항만 사고의 유형은 다양합니다. 실제 사고 사례를 보면 근로자가 ① 지게차 포크(팰릿) 위에 탑승했다가 바닥으로 떨어져 사망한 사례 ② 선박 선창에서 선적 작업 중 추락한 사례 ③ 항만에서 야드트랙터와 충돌해 사망한 사례 ④ 지게차와 박스 사이에 끼여 사망한 사례 ⑤ 선적 작업 중 떨어진 화물 등에 맞거나 깔리는 사례 ⑥ 지게차 운행이나 와이어 로프제거, 고박 해체 등 작업 중 바다에 빠지거나 끊어진 로프에 맞는 사례 ⑦ 승선 과정에서 바다에 빠지는 사례 ⑧ 밀폐 공간 작업 중 산소 결핍으로 인한 질식 또는 유해가스 중독 사례 등 유형과 원인이 매우 다양합니다.

이와 같은 현실을 개선하기 위해 2021년 8월 3일 항만안전특별법이 제정돼 2022년 8월 4일부터 시행할 예정입니다. 정부는 제정 이유로 "항만운송 종사자 등이 안전사고로 목숨을 잃는 사건이 지속적으로 발생하고 있는데도 항만 근로자에 대한 안전 장비 지급, 안전 교육 실시 등의 조치가 성실히 이행되지 않고

항만 안전사고의 원인과 유형이 매우 다양한만큼 전반적 유해·위험 요인의 파악 및 개선조치가 필요하다.

실질적 안전관리 점검이나 사고 조사, 통계 관리, 사업자 제재가 제대로 이뤄지지 않는 등 항만 안전관리에 대한 전반적인 재정비가 필요한 실정인 만큼 항만운송 참여자(항만운송사업자 및 항만운송 관련 사업자) 등의 안전관리에 관한 책임과 의무를 부여하고 이에 대한 제재를 규정함으로써 안전한 작업 환경을 조성하려는 것"이라고 밝혔습니다. 주요 내용으로는 안전에 관한 협의체 구성, 항만운송 종사자 대상 교육 실시, 자체 안전관리계획 수립, 자체 안전관리계획에 관한 관리청의 권한(자료 제출 협조 요청 등) 부여 등이 있습니다.

이와 같이 항만 안전사고가 빈번히 발생하고 있고 근로자의 안전을 요구하는 사회적 관심과 목소리가 높아진 점, 기존의 산업안전보건법뿐 아니라 중대재해처벌법, 항만안전특별법 등이 새롭게 적용되는 점 등을 고려하면 앞으로도 항만 사고 예방을 위한 조치가 더욱 강화될 것입니다. 항만 안전사고의 원인과 유형이 매우 다양한 만큼 전반적 유해·위험 요인의 파악 및 개선 조치가 필요합니다. 또한 항만 근로자 중 일용직 근로자의 비율이 높아지고 있는 등의 현실적 측면도 고려해 시설 개선뿐 아니라 안전의식을 고취하고 환경을 개선하는 일도 주요한 과제가 될 것으로 보입니다.

항만안전특별법
항만에서의 안전사고 및 재해 예방에 관한 항만운송 참여자의 책임을 명확히 하고 자율적 안전관리를 촉진함으로써 항만에서의 안전 문화 확산과 이를 통한 안전사고 예방을 목적으로 2021년 8월 3일 제정됐고, 2022년 8월 4일 시행된다.

SECTION 2 Case 8

끼임 사고

: 끼임 사고는 산업계에 만연한 사고 유형입니다.
안전기준에 부적합한 부분을 지속적으로 발굴하고 사고 방지를 위한 대책 마련이 시급합니다.

'끼임' 산재 사망 90%가 방호설비 안한 탓

안전보건공단 4년간 사고 분석
크레인 등 위험기계서 절반 발생
수리·정비 중 사고도 54% 달해

제조업 종사 근로자가 기계에 몸이 끼여 숨지는 '끼임' 산업재해 사망사고의 절반은 방호 설비를 설치해야 하는 위험 기계에서 발생한 것으로 나타났다.

안전보건공단 산업안전보건연구원이 최근 4년간(2016~2019년) 제조업 끼임 사망사고와 관련한 중대재해조사보고서 중 272건을 분석한 결과 사고 발생 기계가 방호 설비 설치 대상인 경우는 132건(48.5%)으로 절반을 차지했다.

방호 설비 설치 대상인 기계에서 발생한 사고 중 설비를 설치하지 않은 탓에 발생한 것은 115건(87.1%)에 달했다.

안전보건공단이 제조업체의 끼임 사망사고 예방을 위해 패트를 현장점검을 하고 있다.
안전보건공단 제공

방호 설비를 설치했음에도 발생한 사고는 4건에 불과했다.

기계별로는 컨베이어벨트, 천장크레인, 지게차 순으로 사망재해가 많이 발생했다. 수리, 정비, 청소 등 일상적이지 않은 상태에서 이뤄지는 비정형 작업 중 사고가 발생한 비율이 약 54%로 나타났다. 실제 비정형 작업이 이뤄지는 시간이 짧다는 점을 고려하면 비정형 작업이 훨씬 위험도가 높은 것으로 분석됐다.

2018년 12월 충남 태안 화력발전소에서 발생한 하청 근로자 김용균 씨의 끼임 사망사고 당시 사고가 난 석탄 운반용 컨베이어 장비에도 방호 설비가 제대로 설치되지 않았다. 보고서는 고용노동부 감독 이후 사업장의 재해율이 5분의 1로 감소한다는 사실도 통계로 확인했다.

김은아 산업안전보건연구원장은 "산업현장에서 여전히 끼임 사고와 같은 재래형 사망사고가 끊이지 않고 있다"며 "산재예방 연구개발을 통해 현장성 높은 정책 마련은 물론 사업 추진의 과학적 근거를 마련할 수 있도록 최선을 다하겠다"고 말했다.

울산=하인식 기자 hais@hankyung.com

1.
산업 현장에서 위험한 기계나 기구를 사용하려면 산업안전보건법에 따라 안전인증을 받아야 하고, 자율안전확인신고 및 안전검사 실시와 함께 방호 장비 착용 등의 조치가 필요하다.

2.
산업 현장에서 사고가 일어나는 대표적 원인은 유지·보수·점검 시 전원 미차단, LOTO(Lock Out Tag Out) 또는 '작업허가제' 미실시, 관리감독자의 부재다.

산업 현장에서 가장 빈번하게 발생하는 사고 중 하나가 끼임 사고입니다. 작업자가 무거운 물건에 깔리는 사고, 프레스 기계 사이에 순간적으로 끼이는 사고, 리프트(엘리베이터 또는 컨베이어벨트)에 끼이는 사고 등입니다.

산업 현장에서는 무거운 물품이나 동력 기계 등을 다루는 과정에서 예측하기 어려운 형태의 다양한 끼임 사고가 발생하고 있습니다. 고용노동부에서는 끼임 사고 예방을 3대 안전조치(추락 사고 예방, 끼임 사고 예방, 개인 보호구 착용) 중 하나로 정해 일제 점검을 실시하기도 합니다. 그럴 정도로 끼임 사고는 산업계에 만연한 주된 사고 유형이라고 할 수 있습니다.

우선 산업안전보건기준에 관한 규칙(안전보건규칙)에서는 동력으로 작동하는 문에 비상 정지 장치나 자동 센서 등을 설치하도록 규정하고 있습니다. 원동기나 회전축 등은 돌출되지 않도록 묻힘형으로 설치하거나 덮개·울 등 가림막을 가설해야 하며, 안전화 등 보호 장구를 착용해야 한다는 등의 다양한 끼임 방지 조치가 포함돼 있습니다.

하지만 위와 같은 조치가 필요한 곳이 어디인지를 일일이 찾아내기는 쉽지 않습니다. 끼임 사고는 통상 예측하기 어려운 지점에서 순간적으로 일어나기 때문입니다.

예컨대 프레스 내부에 부품을 넣으면서 신체 일부가 완전히 빠져나오지 못한 상황인데도 실수로 프레스를 작동한다든지, 금형 기계 속 금형을 교체하면서 기계 동력을 미처 차단하지 않는다든지 등의 이유로 순식간에 발생합니다.

눈 깜짝할 사이에 일어나는 일이니 '저속의 설비 등을 사용하면 안전하지 않을까' 생각할 수 있지만, 안전보건공단의 재해 사례 발표 내용에 따르면 저속의 롤에 신체 일부를 둔 채 그대로 물려 들어가 재해가 발생하는 사고, 저속의 원료 배합기 블레이드에 묻은 잔여 원료를 제거하려다 신체가 말려 들어가 사망하는 사고 등이 지속적으로 발생하고 있습니다. 저속 설비가 방만한 안전 의식을 유발한다면 오히려 더 위험할 수 있는 것입니다.

이러한 사고는 작업자의 방심 또는 사업주의 위험 예측 실패 등으로 발생하므로 평소와 같은 작업 상황에서는 위험이 잘 드러나지 않습니다. 그럼에도 기계 작동 중 제품 투입 등 사람이 필수적으로 개입할 수밖에 없기에 위험은 존재합니다. 원재료나 제품 투입구 등을 완전히 막아둘 수도 없고, 일시적으로 막아두더라도 작업을 위해 가림막 등을 개방할 수밖에 없으니 위험을 완전히 제거할 수는 없습니다.

끼임 사고는 통상 예측하기 어려운 상황에서 발생합니다. 그렇다고 해서 안전조치를 하지 않는다면 더 많은 위험이 발생할 것이므로 재해 통계를 통해 끼임 사고와 관련한 주요 위험 요인을 확인하고, 안전 수준을 개선해나가야 합니다.

고용노동부에서는 끼임 사고 일제 점검 결과를 발표하며 사고 발생 유형을 크게 4가지로 구분한 바 있습니다. ① 가동 중인 기계장치의 끼임부에 방호 장치가 없거나, 해제된 상태에서 작업 또는 정비한 경우(52.6%) ② 기계의 전원을 차단하고 내부에 들어가 점검·수리 중 외부 작업자가 이를 모르고 기계를 조작한 경우(10.7%) ③ 작업 중 갑자기 정지한 기계를 전원 차단 없이 점검·수리 중 정지 원인이 해결되면서 기계가 재가동되는 경우(9.6%) ④ 설비 주변 작업자를 보지 못하고 해당 설비를 조작한 경우(8.8%)로 정리됩니다. 이러한 사례들에 대한 대책으로서 △작업 공간 확보 △정비 작업 중 운전 정지 및 다른 근로자의 접근 금지 표지판 부착 혹은 가동 잠금 조치 △개구부 혹은 회전축 부분 등에 덮개 설치 또는 묻힘형(설비 내부형) 회전 설비 사용 △방호 장치(감지 센서 등) 설치 △비상정지 장치의 적정 위치 설치 등을 안내하고 있습니다. 현장에 나가보면 이 같은 조치가 곳곳에서 잘 시행되고 있으나, 한번 이행하고 나면 추가 개선 작업이 이뤄지지 않는 경우가 많습니다. 따라서 대책이 필요한 곳을 지속적으로 발굴하고, 사고 방지 교육을 이어나가야 할 것입니다.

산업 현장에서는 무거운 물품이나 동력 기계 등을 다루는 과정에서 예측하기 어려운 형태의 끼임 사고가 빈번하게 발생하고 있다.

3대 안전조치 현장 점검 운영 결과

3대 안전조치
- 추락 사고 예방수칙
- 끼임 사고 예방수칙
- 개인 보호구 착용

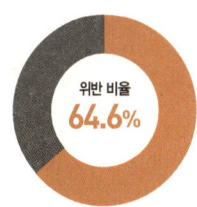

위반 비율 **64.6%**

위반 현황 (개소)	13,202
점검 대상 (개소)	20,487

자료 : 고용노동부
※2021년 7~10월, 8차례

SECTION 2 Case 9

감전 사고

감전 사고는 '아차' 하는 순간 사망할 수 있는 위험한 사고입니다.
이를 방지하기 위해서는 산업안전보건기준에 관한 규칙에서 정하는 기본적 전기 작업 관련 안전조치를 점검해야 합니다.

잣 채취 작업하던 30대 남성 추락 사망…"감전사 추정"

경찰
"고압선 건드리면서
감전된 것으로 추정"

강원 인제군 상남면 상남리의 한 야산에서 잣을 채취하던 중 중국 국적의 30대 남성 A 씨가 추락해 사망했다.

13일 소방당국에 따르면 이날 오후 2시 12분께 외국인 근로자인 A 씨는 20m 이상의 잣나무에서 잣을 채취하는 작업을 하다 떨어져서 15m 높이 나뭇가지에 걸려 숨진 채 발견됐다.

이후 소방당국에 "사람이 나무에 걸려 있다"는 119 신고가 접수됐다. A 씨는 신고를 받고 출동한 119에 의해 2시간여 만에 구조돼 병원으로 옮겨졌으나 결국 사망했다.

당시 사고장소는 도로에서 20분을 걸어 올라가야 하는 곳이어서 평소보다 구조에 많은 시간이 걸린 것으로 알려졌다.

이에 경찰은 A 씨가 잣 채취 작업 중 주변에 있던 고압선을 건드리면서 감전된 것으로 추정하며 정확한 사고 경위를 조사하고 있다.

김정호 한경닷컴 객원기자

해당 사진은 기사와 무관함
사진=게티이미지

1. 감전재해 위험 요인
- 장마철 전기 기계·기구 취급 도중 감전재해
- 전기시설 침수로 인한 감전재해 위험
- 전기 충전부에 근로자 신체 접촉으로 인한 감전

2. 감전재해 예방 3대 기본 수칙
- 감전 위험 작업 전 전로 차단
- 전기기계·기구 접지 및 누전차단기 설치·점검
- 전로 주변 작업 시 방호·보호 조치

지난 8월 산업 현장에서 감전 사망사고가 4건 연달아 발생한 일이 있었습니다. 이에 따라 고용노동부에서는 감전 위험 경보를 발령하고 안전 대책을 촉구하기도 했습니다. 안전보건공단에서 제공하는 통계를 통해 지난 10년간 발생한 감전 사고의 유형을 살펴보면, 주로 중소규모 건설 현장에서 가설 전기 공사를 하거나 준공 시 전기 배선 공사를 진행하면서 집중적으로 발생하는 것으로 나타났습니다. 그 밖의 제조업에서도 부품 교체 또는 유지보수, 청소 작업, 기계 설치, 용접 등의 순으로 감전 사고가 많이 발생하고 있습니다.

안전보건공단에서 제공하는 주요 감전 사고 사례를 살펴보더라도 사고 원인은 비슷합니다. 예컨대 건설 현장에서 간판 철거 작업을 하던 작업자가 전류가 흐르고 있는 간판 전선을 펜치로 절단하다 감전 사망한 사고, 전로를 차단하지 않은 채 6.9kV 규모의 고압 차단기를 설치하던 중 아크 폭발이 발생해 전신 화상으로 사망한 사고 등이 대표적입니다. 모두 전기 작업 전 전로를 차단하지 않아 발생한 사고입니다.

가로수 가지치기 작업 중 고지 가위가 고압 전선에 닿아 감전돼 작업자가 사망한 사고 등은 전로 주변에 특별한 방호 조치 없이 작업하다가 발생한 사고이고, 컨베이어 바닥 청소 중 누전으로 발생한 감전 사고나 누수 수리 중 콘센트 손상 부위에 접촉해 감전 사망한 사고 등은 접지 또는 누전차단기를 설치하지 않아 발생한 사고입니다.

이러한 감전 사고는 '아차' 하는 순간 전신 화상을 불러오고, 전류가 심장을 지나는 경우 순간적으로 심정지에 이를 수 있는 위험한 사고입니다. 대부분 사고가 사망을 유발하므로 중대재해에 해당할 뿐 아니라 비슷한 원인으로 사고가 발생한다는 점에서 관리상 책임이 인정되고 이에 따라 처벌될 가능성이 높습니다.

이러한 사고를 방지하기 위해서는 우선 산업안전보건기준에 관한 규칙에서 정하고 있는 기본적 전기 작업 관련 안전조치가 이뤄졌는지 사전에 점검할 필요가 있습니다. 위 규칙에서는 △고압 전기 작업 시 반드시 사전에 작업계획서를 작성해 계획에 따라 작업을 실시하도록 하고 △충전부가 노출된 곳은 방호망이나 절연 덮개 등을 설치해야 하며 △전기 작업 시 접지, 누전차단기, 전류 차단 등의 조치를 실시하도록 하는 등의 구체적 안전보건조치의무 규정을 두고 있습니다. 중대재해처벌법의 측면에서는 이를 관리·감독할 수 있는 적절한 법정관리자를 배치하고, 위험성평가를 실시 및 반영하며, 안전보건 관련 법령 준수 여부 등을 점검하는 등 안전조치가 현장에서 빠짐없이 이행되도록 하는 경영상·관리상 의무를 수행해야 합니다.

고용노동부의 최근 조사 결과에 따르면 전기가 흐르는 전로 주변에서 방호 조치를 하지 않거나 절연 장갑·장화 등 보호구를 착용하지 않고 작업해 발생한 사고, 분전반·배전반 등 작업을 하면서도 전로를 차단하지 않은 채 진행해 발생한 사고, 전기 기계·기구 등의 사용 시 접지를 하지 않거나 누전차단기 없이 사용해 발생한 감전 사고 등이 사고의 90% 이상을 차지합니다. 즉 앞서 살펴본 규정에 따라 사전 점검만 제대로 진행했더라도 사고의 90% 이상은 예방 가능했다는 얘기입니다.

감전 사망사고는 통상 전기 작업 시 발생하는 만큼 다른 산업재해에 비해 작업 시작 전 기본적인 안전조치만 지키더라도 예방이 가능합니다. 앞에서 언급한 사고들도 전로 주변에 방호 조치를 취하거나, 사전에 전로를 차단하는 작업만 했어도 충분히 예방할 수 있는 사고인 것입니다.

이러한 사고 유형을 토대로 감전 사고를 예방하기 위한 주요 대응 방법을 정리하면 다음과 같습니다. ① 감전 위험 작업 전 전로 차단 ② 전기 기계·기구 접지 및 누전차단기 설치·점검 ③ 전로 주변 작업 시 방호·보호 조치 등 3가지 기본 원칙만 준수해도 효과적으로 감전 재해를 예방할 수 있다는 점을 명심해야 합니다. 적절한 사전조치를 취해 혹시라도 안일한 생각으로 전기 작업을 시행하는 일이 없도록 주의해야 할 것입니다.

분전반

전기가 흐르는 주된 선을 간선이라 하는데, 옥내 배선에서의 간선으로부터 각 분기회로로 갈라지는 곳에 설치해 분기회로의 과전류 차단기를 설치해 한곳에 모아놓은 것을 말한다.

감전 사고는 통상적으로 전기 작업 시 발생하는 만큼 작업 시작 전 기본적인 안전조치만 지켜도 예방이 가능하다.

SECTION 2 Case 10

식중독 등 음식물에 의한 사고

: 식품업계는 식품위생법 등 식품안전 관련 법령을 철저히 준수하고
식품안전관리체계를 재검토해 확립할 필요가 있습니다.

파주까지…'김밥 식중독' 우려 확산

고양에선 사망자도 발생

최근 경기 성남의 한 프랜차이즈 김밥집에서 수백 명의 집단 식중독이 발생한 가운데 고양과 파주의 김밥집에서도 손님 40여 명이 식중독 증상을 보여 보건당국이 조사에 나섰다. 지난 25일에는 사망자까지 발생해 '김밥집발(發) 식중독 공포'가 확산되고 있다.

27일 식품의약품안전처에 따르면 20일 이후 고양시와 파주시에서 김밥집 두 곳을 각각 이용한 44명이 식중독에 걸린 것으로 확인됐다. 이 중 고양시 덕양구의 김밥집을 이용한 20대 여성 A씨는 복통을 호소하다 이틀 뒤 숨졌다. 이 김밥집에서만 34명이 식중독 증세를 보였다.

2주 전 발생한 김밥집 식중독 사건 이후 식약처가 현장점검과 간담회를 통해 주의를 당부했지만 한 달여 만에 사망 사고까지 벌어진 것이다. 식약처 관계자는 "식중독 원인을 규명하기 위해 지방자치단체와 합동 조사한 결과 일부 환자 가검물에서 살모넬라와 장병원성대장균이 검출됐다"며 "사망자의 부검 결과를 기다리는 중"이라고 설명했다.

김밥집 식중독 원인으로 꼽히는 살모넬라균 감염은 오염된 음식을 먹거나 균에 감염된 동물, 주변 환경에 접촉해 발생한다. 식약처에 따르면 올해 전국 표본감시 분석 결과 예년보다 살모넬라균 감염증 신고가 증가했으며 오염된 달걀이 주요 원인으로 조사됐다. 식약처 관계자는 "오염된 식자재를 만진 뒤 손을 씻지 않고 다른 식자재나 조리도구를 만져 '교차오염'이 일어났을 것으로 보인다"고 설명했다. 그는 이어 "달걀을 취급하거나 섭취할 때 특히 주의해야 한다"며 "달걀을 만진 이후에는 반드시 손을 씻어야 한다"고 강조했다.

최다은/이선아 기자

1. 식재료 보관 4대 원칙
- 온도 관리 원칙
- 분리·밀폐 원칙
- 청결 유지 원칙
- 품질·기한 관리 원칙

2. 식중독 예측지도
식약처 등 4개 기관이 함께 개발한 식중독 관련 서비스. 건강보험 빅데이터와 식중독 발생 정보, 기상, 환경 정보, SNS 빅데이터 등을 활용해 지역별 식중독 발생 위험 정보를 알려준다.

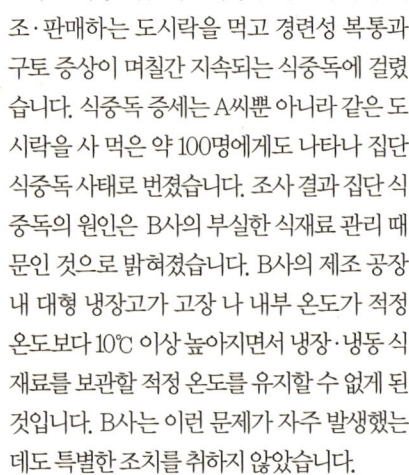

A씨는 대형 식품제조가공업체 B사에서 제조·판매하는 도시락을 먹고 경련성 복통과 구토 증상이 며칠간 지속되는 식중독에 걸렸습니다. 식중독 증세는 A씨뿐 아니라 같은 도시락을 사 먹은 약 100명에게도 나타나 집단 식중독 사태로 번졌습니다. 조사 결과 집단 식중독의 원인은 B사의 부실한 식재료 관리 때문인 것으로 밝혀졌습니다. B사의 제조 공장 내 대형 냉장고가 고장 나 내부 온도가 적정 온도보다 10℃ 이상 높아지면서 냉장·냉동 식재료를 보관할 적정 온도를 유지할 수 없게 된 것입니다. B사는 이런 문제가 자주 발생했는데도 특별한 조치를 취하지 않았습니다.

사고 당일에도 고장이 발생했다는 사실을 알고 있었으나 수리, 제품 수거 등 적절한 조치를 취하지 않았습니다. 결국 오랜 시간 높은 온도에서 음식물을 보관했고, 냉장고 안에서 식중독을 일으키는 세균이 번식한 것입니다. 이런 경우 B 업체는 A씨를 비롯한 소비자에게 집단 식중독 사태와 관련해 중대재해처벌법에 따른 책임을 질까요.

먼저 중대재해처벌법상 '중대시민재해'에 관한 조항을 살펴보겠습니다. 중대시민재해란 특정 원료 또는 제조물, 공중이용시설 또는 공중교통수단의 설계·제조·설치·관리상 결함을 원인으로 하여 발생한 재해로서 △사망

자가 1명 이상 발생하거나 △ 동일한 사고로 2개월 이상 치료가 필요한 부상자가 10명 이상 발생하거나 △ 동일한 원인으로 3개월 이상 치료가 필요한 질병자가 10명 이상 발생한 재해를 의미합니다(단, 중대산업재해에 해당하는 재해는 제외합니다). 이 때 부상 또는 질병의 치료기간을 판단함에 있어서는 해당 부상·질병과 부상·질병으로 인한 합병증 등에 대한 직접적 치료 행위가 법에서 정하는 기간(부상의 경우 2개월, 질병의 경우 3개월) 이상 필요한지를 기준으로 판단하고 재활에 필요한 기간 등은 원칙적으로 치료기간에 포함시키지 않습니다.

중대시민재해에 관한 규정은 일반 시민의 안전을 확보하기 위해 도입한 것입니다. 사업주·경영책임자등은 자신이 실질적으로 지배·운영·관리하는 사업 또는 사업장에서 생산·제조·판매·유통 중인 식품 원료 및 제조물이나 자신이 실질적으로 지배·운영·관리하는 공중이용시설의 이용자에게 중대시민재해가 발생하지 않도록 조치를 취해야 합니다. 해당 공중이용시설을 제3자에게 도급·용역·위탁한 경우에도 마찬가지입니다.

이에 따라 식품업체가 생산·제조·판매·유통 중인 식품 원료나 완제품의 제조·관리상 결함으로 인해 소비자에게 중대시민재해에 해당하는 식품안전사고가 발생한 경우 필요한 조치를 적절히 취하지 않았다면 사업주·경영책임자등이 처벌받을 수 있습니다.

그렇다면 집단 식중독 사태와 같은 식품 안전사고가 실제 중대시민재해에 해당하는 것으로 해석될지를 살펴보겠습니다. 식중독의 경우 전형적인 증상이 구토·발열·복통·설사 등으로 경미한 경우가 많고, 5~7일 이후에는 특별한 치료 없이 자연적으로 회복하기도 합니다. '3개월 이상 치료가 필요한 질병자가 10명 이상 발생'하는 경우는 적은 편이므로 중대시민재해에 이를 정도는 아닌 것이 일반적입니다.

다만 식중독은 원인이 된 병원체의 종류에 따라 증상 정도가 다르게 나타날 수 있습니다. 예를 들어 통상 식중독의 원인으로 지적되는 살모넬라균, 황색포도상구균이나 노로바이러스 등은 며칠간 증상이 나타난 후 특별한 치료 없이 저절로 회복하는 경우가 대부분이나, 원인균이 장출혈성대장균(EHEC)인 경우에는 심하면 용혈성요독증후군(Hemolytic Uremic Syndrome)으로까지 진행돼 신장 기능이 저하할 수 있습니다. 그뿐 아니라 고령자나 영유아 등 면역 능력이 저하된 사람은 살모넬라균과 같은 식중독균이나 노로바이러스 등의 바이러스에 의해서도 증상이 심화할 수 있고, 심지어 사망에 이를 가능성도 존재합니다.

이와 같이 식중독 등 음식물에 의한 사고의 경우 동일한 원인으로 발생한 환자의 수 및 치료 기간 등에 따라 중대시민재해에 해당하며, 이에 따라 경영책임자등이 안전 및 보건 확보 의무 위반 등에 의한 중대재해 발생에 대해 형사처벌 대상이 될 개연성이 있습니다. 따라서 식품업계는 식품위생법 등 식품안전 관련 법령을 더욱 철저히 준수하고, 중증의 집단 식중독 발생 시 대응 가능한 매뉴얼을 마련하는 등 전반적으로 식품안전관리체계를 재검토해 확립할 필요가 있습니다.

> 식품업체가 생산·제조·판매·유통 중인 식품 원료나 완제품의 제조·관리상 결함으로 인해 소비자에게 중대시민재해에 해당하는 식품안전사고가 발생한 경우 경영책임자등이 처벌받을 수 있다.

장출혈성대장균

생물학적 변이를 일으킨 병원성 세균으로, 장출혈성대장균감염증은 주로 6~9월에 걸쳐 발생하며 오염된 식품 등이 원인이 된다. 해당 질병의 치사율은 유아 10%, 노인 50%에 이르는 것으로 알려져 있다.

SECTION 3

경영책임자의 안전 및 보건
확보 의무 준수 어려워

START

67.7

66.2

67.7%
대기업

66.2%
중소기업

근로자 100인 미만
영세 중소기업

77.3%

77.3

준수하기 가장 어려운 규정

41.7%
'인력, 시설 및 장비의 구비, '유해·위험요인 개선에 필요한 예산 편성 및 집행'

40.8%
'안전·보건 관계 법령이 요구하는 의무 이행사항 점검 및 개선'

40.8

법 시행 시 예상되는 어려움 (복수 응답)

61.5%
'의무 범위가 과도하게 넓어 경영자 부담이 가중된다'

314

61.5

기업 67% "준수 어려워"

대기업과 중소기업 10곳 중 6곳은 2022년 1월 중대재해처벌법 시행일까지 법상 의무를 준수하기 어렵다고 답했습니다. 중소기업중앙회와 한국경영자총협회가 2021년 10월 7일 근로자 50인 이상 국내 기업 314곳(대기업 65곳, 중소기업 249곳)을 대상으로 '중대재해처벌법 이행 준비 및 애로 사항 실태조사'를 실시한 결과 이같이 조사됐습니다.

SURVEY

SECTION 3 Question

'경영책임자등'은 누구인가요

01

중대재해처벌법은 "법인 또는 기관의 경영책임자등에게 해당 법인 또는 기관의 종사자 및 도급·용역·위탁 등을 행한 경우 제3자의 종사자를 위한 안전 및 보건 확보의무를 부과하고(제4, 5조), 그 의무를 위반하여 중대산업재해에 이르게 하면 경영책임자 등에게 1년 이상의 징역 또는 10억원 이하의 벌금에 처한다(제6조 제1항)"라고 규정하고 있습니다.

여기서 법인 또는 기관의 '경영책임자 등'은 제2조 제9호에 규정된 아래의

➕ 용어 설명

CSO
기업이 당면한 각종 안전 문제를 담당하는 임원으로 최고안전책임자(Chief Safety Officer)라고 부른다. 일반적인 안전 사항부터 컴퓨터 보안이나 생화학 테러 등 가능한 모든 분야의 안전을 최종적으로 책임진다.

사람들을 말합니다.

가. 사업을 대표하고 사업을 총괄하는 권한과 책임이 있는 사람 또는 이에 준하여 안전보건에 관한 업무를 담당하는 사람

나. 중앙행정기관의 장, 지방자치단체의 장, 「지방공기업법」에 따른 지방공기업의 장, 「공공기관의 운영에 관한 법률」 제4조부터 제6조까지의 규정에 따라 지정된 공공기관의 장

먼저 '사업을 대표하고 사업을 총괄하

는 권한과 책임이 있는 사람'이란 주로 법인의 대표이사를 의미하는 것입니다. 다만 고용노동부의 중대재해처벌법 시행령 주요 내용 설명 자료에 따르면 "복수의 대표이사가 있는 경우 회사 내에서의 ① 직무 ② 책임과 권한 ③ 기업의 의사결정 구조 등을 종합적으로 고려해 최종책임자를 판단한다"라고 설명하고 있습니다.

이는 전체 사업을 대표하고 총괄하는 사람이라고 해 무조건 처벌 대상으로 삼겠다는 것이 아닙니다. 중대재해처벌법이 요구하는 안전보건확보의무의 이행을 담당해야 할 실질적 최고책임자가 누가 돼야 하는 것인지에 관한 당위의 관점에서 살피겠다는 뜻입니다.

법안 심사 과정에서 작성한 국회 소위원회 회의록에 따르더라도 "기업이 클수록 회장, 총괄대표이사, 사장, 부사장 등 각자 맞은 업무와 책임이 구분돼 있으므로 경영책임자등의 판단에 있어서 회사 규정이나 수사를 통해 최종 책임을 확인하도록 하겠다"라는 의견이 반영돼 '대표이사를 구체적으로 특정한 문구가 삭제됐습니다. 앞서 살펴본 것처럼 고용노동부의 해석은 이런 입법 취지와도 잘 맞아 타당한 것으로 보입니다.

다음으로 '이에 준하여 안전보건에 관한 업무를 담당하는 사람'이란 안전보건 담당 임원, 생산 담당 대표 등 주로 CSO(최고안전책임자)를 의미하는 규정이라고 할 수 있습니다. 고용노동부의 중대재해처벌법 시행령 주요 내용 설명 자료에서는 "대표이사등에 준해 안전 및 보건에 관한 예산·조직·인력 등 안

> 중대재해처벌법상 안전보건확보의무를 이행할 책임이 있는 사람이 누구인지를 개별적으로 판단해 최종적으로 적용될 것이다.

1년 이상, 10억 이하
중대재해처벌법은 의무를 위반해 중대산업재해에 이르게 하면 경영책임자등에게 1년 이상 징역 또는 10억원 이하 벌금에 처한다고 규정하고 있다.

경영책임자등의 4가지 조치 의무
① 안전보건관리체계의 구축 및 이행에 관한 조치
② 재해 발생 시 재발 방지 대책 수립 및 이행에 관한 조치
③ 중앙행정기관등이 관계 법령에 따라 시정 등을 명한 사항의 이행에 관한 조치
④ 안전보건 관계 법령상 의무이행에 필요한 관리상의 조치

전보건체계 구축 등에 전적인 권한과 책임을 가지는 등 안전 및 보건 의무 이행에 최종적 의사결정권을 가진 사람을 의미한다"라고 설명하고 있습니다. 이는 앞서 본 바와 같이 안전보건확보의무의 이행상 실질적 최고책임자를 찾아야 한다는 관점에서 타당해 보입니다. 따라서 CSO의 선임 및 권한 부여 방식이 적절한지, 혹은 CSO의 선임이 안전보건확보의무를 적절히 이행 가능하고 대표이사의 책임 위험을 합리적으로 낮추는지 등을 판단할 필요가 있습니다. 아울러 CSO에게 대표이사등에 준하는 수준으로 안전 및 보건에 관한 예산·조직·인력 등 안전보건체계 구축 등에 전적인 권한과 책임을 부여했는지도 살펴봐야 합니다.

한편 문구의 해석이 문제가 될 수 있습니다. 고용노동부의 중대재해처벌법 시행령 주요 내용 설명 자료에 따르면 선택적 관계, 즉 '또는(or)'의 개념을 규정한 것은 아니라고 합니다.

구체적으로 대표이사의 권한을 위임받아 안전보건에 관한 업무를 담당하는 사람이 있더라도 대표이사의 책임이 면제되는 것은 아니라는 의미지요. 실질적으로 중대재해처벌법상 안전보건확보의무를 이행할 책임이 있는 사람이 누구인지를 개별적으로 판단해 최종 적용될 것이라고 합니다.

그렇다 하더라도 위와 같은 설명만으로는 실제 사례에서 과연 누구를 경영책임자에 해당한다고 볼 것인지 명확히 구분하는 작업이 쉽지 않아 많은 논쟁과 치열한 법정 공방이 예상됩니다.

SECTION 3 Question

공장 운영을 전부 도급 준 경우에도 중대재해 책임을 지나요

A 회사가 소유 혹은 임차해 운영하던 공장이 있습니다. B 업체에 이 공장 운영을 전부 도급을 주고, B 업체가 운영하던 중 B 업체 소속 근로자가 중대재해를 입는 사고가 발생하면 중대재해처벌법상 책임을 부담하는 주체는 누구일까요.
결론부터 말하면 도급인인 A 회사의 경영책임자등과 수급인인 B 업체의 경영책임자등이 모두 중대재해처벌법상 책임을 부담하게 됩니다. 중대재해처벌법 제5조는 "경영책임자등은 사업주나

➕ 용어 설명
도급
당사자 일방이 어느 일을 완성할 것을 약정하고 상대방이 그 일의 결과에 대해 보수를 지급할 것을 약정함으로써 그 효력이 생기는 계약(민법 제664조)을 말한다.

법인 또는 기관이 제3자에게 도급·용역·위탁 등을 행한 경우에는 제3자의 종사자에게 중대산업재해가 발생하지 아니하도록 제4조의 조치(안전 및 보건 확보의무 조치)를 해야 한다. 다만, 사업주나 법인 또는 기관이 그 시설, 설비, 장소 등에 대해 실질적으로 지배·운영·관리하는 책임이 있는 경우에 한정한다"라고 규정하고 있습니다.
중대재해처벌법은 도급인에게 수급인 및 수급인의 종사자에 대해서도 중대산업재해가 발생하지 않도록 중대재해처

벌법 제4조에 따른 안전 및 보건 확보의무를 부과하고 있습니다. 아울러 그 의무를 다하지 않아 수급인의 근로자에게 중대산업재해가 발생하는 경우 도급인도 중대재해처벌법상 책임을 부담하도록 하고 있습니다. 그 이유는 도급인이 도급을 준 사업 또는 사업장에 대해 실질적으로 지배·운영·관리하고 있지 않은 경우에도 해당 시설, 설비, 장소 등에 내포되어 있는 유해·위험 요인 등에 대해 실질적으로 지배·운영·관리하는 책임이 있다면 중대재해처벌법 제4조에 따른 안전 및 보건 확보의무가 발생하는 것으로 해석되기 때문입니다.

좀 더 풀어서 설명하자면 도급인이 사업 또는 사업장(시설, 설비, 장소 등)에 관한 소유권, 임차권, 그 밖의 사실상 지배력이 있어 해당 시설, 설비, 장소에 내재된 유해·위험 요인 등을 인지하고 있고 법률상 혹은 계약상 이를 제어할 책임이 있는 경우에는 수급인 및 수급인의 종사자에 대해서도 법 제4조에 따른 안전 및 보건 확보의무가 발생하게 된다는 것입니다.

중대재해처벌법 시행 이전에 개정된 산업안전보건법에서는 수급인 또는 수급인의 종사자에 대한 안전 및 보건 확보의무를 부담하는 도급인의 책임 범위를 ① 도급인의 사업장 내 모든 장소 ② 도급인의 사업장 밖이라도 도급인이 지정·제공한 경우로서 지배·관리하는 대통령령으로 정하는 (산업재해 발생 위험이 있는) 21개 장소로 대폭 확대한 바 있습니다. 중대재해처벌법은 더 나아가 수급인 및 수급인의 종사자가 위 21개 산업재해 발생 위험 장소가 아닌

> **❝** 도급인이 소유권, 임차권, 그 밖의 사실상 지배력을 행사하는 경우 도급인에게 수급인 및 수급인의 종사자를 위한 안전 및 보건 확보의무를 부과한다. **❞**

곳(시설, 설비, 장소 등)에서 작업하는 경우에도 도급인이 그 곳에 대한 소유권, 임차권, 그 밖의 사실상 지배력을 행사하는 경우 도급인에게 수급인 및 수급인의 종사자를 위한 안전 및 보건 확보의무를 부과함으로써 도급인의 책임 범위를 더욱 확대하고 있습니다.

중대재해처벌법상 도급인의 책임 범위와 관련해 구체적 사례는 아래와 같습니다.

1. 도급인의 사업장 밖에 있는 안전시설이나 주요 설비의 경우에도 수급인이 임의로 설치·해체 및 변경할 수 없거나 도급인과 협의해야만 가능한 경우에는 도급인의 지배·관리 범주에 해당해 도급인의 책임 범위라고 해석됩니다.

2. 도급인이 자신의 업무를 수급인에

350만 명

용역, 파견, 민간 위탁, 사내 하청, 하도급, 아웃소싱, 소사장제, 사내 분사 등 다양한 형태로 일하고 있는 간접고용 노동자 수는 국가인권위원회 연구에 따르면 전체 임금노동자의 17.4%에 달하는 350만 명 내외다.

게 맡기기 위해 작업 장소나 설비를 임대계약(무상임대 포함) 형식으로 지정·제공했다 하더라도 임대계약의 실질이 지배·관리 요건(해당 장소의 유해·위험 요인 등을 인지하고 법률상 혹은 계약상 이를 제어할 책임이 있는 경우)을 충족한다면 그 장소도 도급인의 책임 범위로 해석됩니다.

3. 도급인 사업장 밖의 제3자 소유 작업 장소나 수급인 소유 시설의 경우에는 도급인의 지배·관리권이 미치지 못하므로 도급인의 책임 범위가 아니라고 해석됩니다. 예를 들어, 에어컨 설치 및 수리 작업, 인터넷 설치 및 수리 작업, 방문요양 등이 이에 해당합니다.

4. 지방자치단체 또는 환경공단이 하수처리시설 운영을 민간 업체에 위탁해 해당 사업장에서 민간 업체 근로자가 작업을 하다가 안전 난간 미설치 등으로 추락 사망한 사고가 발생한 경우, 민간 업체는 수급인으로서 중대재해처벌법상 책임을 지고, 지방자치단체 또는 환경공단은 도급인으로서 중대재해처벌법상 책임을 부담해야 하는 것으로 해석됩니다.

SECTION 3 Question

해외 현장에서 사고가 나도 중대재해에 해당하나요

03

형법 제8조는 "다른 법령에 특별한 규정이 없는 한 형법 총칙상 규정은 다른 법령에서 정한 죄에도 동일하게 적용된다"라고 규정합니다. 제3조에선 내국인의 국외범(대한민국 영역 밖에서 죄를 범한 내국인)도 처벌한다고 규정하고 있습니다. 해외 현장에서 발생한 중대재해 사고에 대해 중대재해처벌법을 적용해 경영책임자등을 처벌할 수 있는지와 관련해선 내국인의 국외범 처벌에 관한 위 형법 제3조의 적용을 배제하는 중대재해처벌법상

+ **용어 설명**

속인주의

그 나라의 국적을 가진 사람이라면 자국에 있든 타국에 있든 소재 여하를 불문하고 자국의 법을 적용해야 한다는 원칙으로, '국적주의'라고도 한다.

속지주의

국제 형법의 장소적 적용 범위와 관련해 범죄가 자국의 영역 내에서 발생한 경우 누구를 막론하고 자국의 형법을 적용한다는 원칙으로, 국가의 영역 주권에 근거를 둔다.

규정은 발견되지 않습니다. 그 때문에 법해석 관점에서 일단 내국인의 국외범 처벌에 관한 형법 제3조의 해석을 동일하게 적용할 수 있습니다. 이와 관련한 다수의 학술적 견해와 판례는 위 형법 제3조를 적극적으로 해석해 당해 외국에서 국내법에 위반되는 행위를 처벌하는지와는 무관하게 내국인의 국외범을 처벌할 수 있다는 입장입니다(대법원 2004년 4월 23일 선고 2002도2518 판결 등 참조). 다만 최근 선고된 판결에서는 국내법이 보

호하고자 하는 법익을 침해하지 않아 한국의 국가안보보장이나 질서유지 또는 공공복리와는 무관한 경우 외국법에 따라 처벌하지 않는 행위의 위법성이 제거될 수 있다는 기준을 제시하기도 했습니다(서울고등법원 2018년 6월 14일 선고 2017노2802 판결, 대법원 확정).

외국법이 산업안전보건 확보에 관해 특별히 규율하는 바가 없다고 하더라도 중대재해처벌법이 정하는 의무가 국내의 질서유지 또는 공공복리와 무관하다고 보기는 어렵습니다. 해외 현장에서 중대재해 사고가 발생한다고 하더라도 법해석만 놓고 본다면 내국인의 국외범을 처벌하는 형법상 '속인주의 원칙(형법 제3조)'에 따라 내국인인 경영책임자등이 중대재해처벌법에 따라 처벌될 수 있습니다.

반면 고용노동부는 산업안전보건법의 적용에 관해 법해석상 '속지주의 원칙'이 인정된다는 입장을 고수해 해외 사업장에서 발생한 재해는 조사 대상에 해당하지 않는다는 일관된 행정해석을 내리고 있습니다. 이러한 해석은 노동청 소속 근로감독관이 실제로 해외 현장에 대해 수사권을 행사하거나, 검사의 기소 유지를 위한 증거를 확보하기가 사실상 어렵다는 점에서는 수긍 가는 점이 있습니다. 또한 중대재해처벌법을 시행한다 하더라도 재해사고에 관한 수사는 결국 현장의 미비점이 무엇인지를 토대로 사고와 경영책임자등의 안전 및 보건 확보의무 위반 간 인과관계를 입증하기 위한 것이기 때문에 위와 같은 현실적 한계가 특별

> 해외 사고에서 중대재해를 입은 자가 대한민국 국민일 경우 국내 경영책임자등에 대해 중대재해처벌법을 적용할 가능성이 높다.

10,088명

해외 현장에서 사고가 나면 현지 당국에 의해 입찰 제한 등 강력한 제재를 받기 때문에 국내법까지 적용하면 이중 처벌이 된다. 그런 이유에서인지 해외 사업장이 많은 대형 건설사를 중심으로 해외에서 근무하는 직원을 최소화하거나 국내로 복귀시키려는 움직임이 확산되고 있다.

해외 건설 현장에서 근무하는 한국인 근로자

단위: 명
- 2016년: 18,441
- 2017년: 15,769
- 2018년: 12,843
- 2019년: 11,187
- 2020년: 10,088

자료: 해외건설협회

히 달라지지는 않을 것입니다.

그러나 중대재해처벌법은 국내에 소재하고 있는 국내 법인의 본사가 이행해야 하는 추상적 의무를 규정하고 있는 점, 고용노동부가 최근 대통령령인 「고용노동부와 그 소속기관 직제」를 개정해 산업안전보건본부를 신설하고 근로감독관 인력을 확대하는 한편, 중대재해처벌법 위반 등 산업재해 사고를 전담 수사하는 산업안전보건청을 신설할 계획을 수립하고 있는 점 등에서 수사 범위는 향후 확대될 수 있습니다. 더욱이 중대재해처벌법은 사망사고 시 경영책임자등에 관해 1년 이상 징역 또는 10억원 이하 벌금 등 무거운 처벌을 규정하고 있어 기존 해석만 신뢰하고 해외 사업을 안전보건 확보의무의 관리 범위에서 배제하는 것은 위험합니다. 특히 해외 사고에서 중대재해를 입은 자가 대한민국 국민일 경우에는 국내 경영책임자등에 대해 중대재해처벌법을 적용할 가능성이 훨씬 높습니다.

결론적으로 해외 현장에서 발생한 중대재해 사고에 대한 중대재해처벌법의 적용은 현실적 한계로 인해 쉽지 않겠지만, 법해석론상으로는 얼마든지 그 적용이 가능합니다. 최근 여론이나 정부 방침을 고려할 때 해외 적용에 관한 현실적 한계가 존재함에도 관련 수사와 기소가 이뤄질 가능성을 배제하기 어려운 만큼 중대재해처벌법이 정하는 무거운 처벌 수위를 고려하고, 해외 사업에 대해서도 중대재해처벌법이 적용된다는 전제하에 사업을 운영해야 합니다.

SECTION 3 Question

택배기사 같은 자영업자에게 중대재해가 발생하면 누가 책임 지나요

택배기사는 대부분 근로자가 아닌 개인 사업자 신분으로 활동하면서 산업안전보건법 및 산업재해보상보험법상 특수형태근로종사자로 분류되고 있습니다. 택배기사는 택배회사와 직접적인 계약을 맺는 경우와 택배회사의 대리점과 개별적으로 배송 위탁계약을 맺는 경우로 나뉩니다.
택배 기사에게는 근골격계 질환, 화물 추락 사고, 장시간 근무에 따른 과로, 교통사고 등으로 인한 재해 위험이 상존하고 있습니다. 특히 코로나19

➕ 용어 설명

생활물류
서비스산업발전법

2021년 1월 26일 제정됐으며, 생활물류서비스산업의 육성 및 지원과 종사자·소비자의 권익 증진을 목적으로 한다. 생활물류서비스사업은 허가받은 화물자동차 운송 사업을 위한 화물자동차를 이용해 집화, 분류 등의 과정을 거쳐 소형·경량 위주의 화물을 배송하는 '택배서비스사업'과 이륜자동차를 이용해 화물을 직접 배송 또는 중개하는 '소화물 배송대행서비스사업'으로 구분된다.

로 배송 산업이 빠르게 성장하면서 장시간 근로에 노출된 택배기사의 과로가 사회문제로 떠올랐습니다. 과로로 숨진 택배기사 수는 2017년 4명, 2018년 3명, 2019년 2명으로 줄었지만 2020년에는 16명으로 크게 늘었습니다.
이에 정부는 2020년 11월 12일 물량조정 시스템 구축, 심야 배송 제한 권고, 택배회사의 산업안전보건법상 안전보건조치의무 부여 등을 골자로 한 '택배기사 과로 방지 대책'을 발표하는 등 택배기사 보호정책을 적극 추진하고 있습니다.

사업주는 택배기사와 같은 산업안전보건법상 특수형태근로종사자로부터 노무를 상시적으로 제공받는자는 산업재해 예방을 위해 필요한 안전·보건 조치를 해야 합니다. 또한 2021년 7월 27일 생활물류서비스산업발전법이 시행됐는데, 이 법에 따르면 택배서비스사업자(택배회사)는 영업점(대리점)과 택배서비스종사자(택배기사)에 대해 산업안전보건법상의 특수형태근로종사자에 대한 안전·보건조치 및 안전·보건교육의 이행 여부를 관리해야 합니다. 고용노동부의 중대재해처벌법 해설서는 위 생활물류서비스산업발전법을 중대재해처벌법에서 정하고 있는 안전·보건 관계 법령의 예시로 제시하고 있습니다.

또한 생활물류서비스종사자(택배기사 포함)의 과로를 방지하고 안전을 확보하기 위해 필요한 휴식 시간 및 휴식 공간을 제공해야 합니다. 고용노동부의 중대재해처벌법 해설서는 위 생활물류서비스산업발전법을 중대재해처벌법에서 정하고 있는 안전·보건 관계 법령의 예시로 제시하고 있습니다.

한편 최근 택배회사를 택배기사의 노동조합 및 노동관계조정법상(이하 노동조합법)의 사용자로 인정한 하급심 판결과 중앙노동위원회 결정이 있어 주목받고 있습니다.

하급심 판결은 △택배기사가 택배회사의 모바일 앱을 이용해 업무를 수행한 점 △택배회사가 앱을 이용해 실시간 택배기사의 업무 수행을 확인하거나

> 중대재해처벌법이 보호하는 '종사자'는 '도급·용역·위탁 등 계약의 형식에 관계없이 그 사업의 수행을 위해 대가를 목적으로 노무를 제공하는 자'이므로 택배기사도 종사자에 포함될 수 있다.

특수 고용근로 종사자 현황(노동계 추산)
단위: 명

덤프트럭 기사 등	510,008
보험모집인 등	479,976
학습지 교사 등	248,713
텔레마케터 등	132,374
택배기사 등	126,383
간병인	36,132
전자기기 A/S 기사 등	25,906
골프 캐디 등	24,150

자료: 국가인권위원회
(특수형태근로종사자 실태조사 연구용역 보고서)

지시한 점 △택배기사가 택배회사의 업무 매뉴얼이나 지침을 준수해야 했던 점 △터미널 운영 방식을 회사가 결정한 점 등을 근거로 택배회사가 택배기사들의 각종 업무 수행 및 업무 조건 등에 직간접적으로 관여해온 사실을 인정하면서 택배회사가 노동조합법 제43조 소정의 대체 인력 사용금지의무를 부담하는 '사용자'에 해당한다고 판시했습니다.

그렇다면 물류회사의 화물을 실은 택배기사가 운송 도중에 사고가 나면 누구에게 중대재해처벌법상 책임을 묻게 될까요. 그렇지만 중대재해처벌법이 보호하는 '종사자'에는 '도급·용역·위탁 등 계약의 형식에 관계없이 그 사업의 수행을 위해 대가를 목적으로 노무를 제공하는 자'가 포함됩니다. 따라서 택배기사도 대가를 목적으로 노무를 제공하고 있다면 종사자에 포함될 가능성이 있습니다. 중대재해처벌법 해설서도 특수형태근로종사자가 중대재해처벌법상의 "종사자"에 포함될 수 있다고 설명하고 있습니다.

또한 대리점의 경우 택배기사와 직접적인 위탁계약을 체결하고 있으므로 관리 형태에 따라 해당 사업장을 실질적으로 지배·운영·관리하는 관계가 인정돼 중대재해처벌법이 적용될 가능성이 있습니다. 다만 상시 근로자 5인 미만인 대리점에는 적용되지 않을 것입니다.

다만 택배회사는 위에서 설명한 것처럼 택배기사와 직접 계약을 체결하지 않고, 대리점과 배송 위탁계약을 체결하며 구체적인 지휘, 감독을 하지 않는 것이 일반적이라는 점에서 중대재해처벌법의 적용 가능성은 좀 더 낮다고 볼 수 있습니다.

하지만 택배회사도 택배기사에 대한 관리 및 지시, 업무 환경 설정 등 구체적 내용에 따라 중대재해처벌법 책임이 인정될 가능성을 배제할 수 없습니다. 특히 택배회사가 운영하는 물류센터 내 안전사고에 대해서는 안전관리상의 책임이 발생할 가능성이 높기에 보다 철저한 안전관리가 필요합니다.

SECTION 3 Question

임대한 식당에서 중대재해가 발생하면 임대인도 책임을 지나요

중대재해처벌법 적용 대상(중대시민재해 관련 의무)인 공중이용시설의 범위에는 바닥 면적의 합계가 1,000㎡ 이상인 다중이용업소법상의 영업장(23개 업종)이 포함됩니다(중대재해처벌법 제2조 제4호, 시행령 제3조 제3호). 따라서 해당 면적 기준 이상인 일반 음식점 등 다중이용업소에 중대재해처벌법이 적용될 것입니다. 다만 종사자가 5인 미만인 사업장은 중대재해처벌법 적용에서 제외됩니다.
공중이용시설의 범위에 포함되고 종사

➕ **용어 설명**
다중이용업소
휴게음식점, 단란주점 영업, 유흥주점 영업, 비디오물 소극장업, 복합 영상물 제공업 등 불특정 다수가 이용하는 영업소에서 화재 등 재난이 발생했을 때 생명·신체·재산상 피해가 발생할 우려가 높은 곳으로서 대통령령으로 정하는 영업을 하는 업소를 말한다.

자가 5인 이상인 식당에서 중대시민재해(① 사망자가 1명 이상 발생 ② 동일한 사고로 2개월 이상 치료가 필요한 부상자가 10명 이상 발생 ③ 동일한 원인으로 3개월 이상 치료가 필요한 질병자가 10명 이상 발생 중 하나에 해당하는 결과를 야기한 재해)가 발생할 경우 해당 식당의 사업주는 중대재해처벌법상 책임을 질 가능성이 있습니다.
중대재해처벌법 제9조 제3항은 공중이용시설 또는 공중교통수단과 관련해 도급·용역·위탁 등 관계에서 사업주나 법인 또는 기관이 시설, 장비, 장소 등에 대해 실질적으로 지배·운영·관리하는 책임이 있는 경우 중대재해처벌법상 안전 및 보건 확보의무를 다할 것을 규정하고 있습니다.

임대의 경우 중대재해처벌법 입법 과정에서 임대를 도급·용역·위탁의 범위에 포함하자는 의견이 있었지만 최종적으로 제외됐습니다. 그러나 계약 형태에 따라 단순 임대에 그치지 않고 임대인이 자신의 판매 업무 또는 임대 목적물의 관리 자체를 위탁하는 관계인 경우 도급으로 평가할 가능성이 있습니다.

고용노동부는 "실질적으로 지배·운영·관리란 해당 장소의 유해·위험 요인을 인지하고 파악해 이를 관리·개선하는 등 통제할 수 있음을 의미한다"라며 이에 관한 해석 기준을 제시한 바 있습니다(산업안전보건법 시행에 따른 도급 시 산업재해 예방 운영지침, 중대재해처벌법 시행령 제정안 주요 내용 설명 자료, 2021년 7월).

위 법령 내용에 따라 식당의 임대-임차 관계를 살펴보면 ① 임대인과 임차인 간 계약관계가 산업안전보건법상 도급에 해당하고 ② 임차인의 사업장이 임대인이 실질적으로 지배·관리하는 사업장에 해당한다면, 임대인은 도급인으로서 임차인 매장에 대해 안전관리를 할 필요가 있습니다. 그러나 ①② 요건 중 하나라도 충족되지 않는다면 임대인은 "통상 소유자로서의 관리자의 의무를 제외하고" 임차인의 점포에 대해 도급인의 안전 및 보건 확보의무를 이행할 필요가 없습니다.

> 임대인과 임차인의 관계가 도급·용역·위탁에 해당하고 임대인이 점포를 실질적으로 지배·관리한다면 임대인은 점포에 대해 중대재해처벌법상의 안전 및 보건 확보의무를 다해야 한다.

5인 미만

중대재해처벌법 적용 대상인 공중이용시설의 범위에는 바닥 면적의 합계가 1,000㎡ 이상인 다중이용업소법상의 영업장(23개 업종)이 포함된다. 하지만 이에 해당하더라도 종사자가 5인 미만인 사업장은 중대재해처벌법 적용에서 제외된다.

위 ①② 요건의 충족 여부는 계약관계, 운영 형태, 임대인의 유해·위험 요인 관리 가능성 등 상황에 따라 다르므로 이를 종합적으로 살펴봐야 합니다.

① 임대 해당 여부와 관련해 (가) 임대인이 요식업을 영위하며 자신의 사업을 임차인에게 위탁하는 경우 (나) 손익이 임대인에게 귀속돼 임차인의 산정 방식대로 점포가 운영되지 않는 경우 (다) 임대인이 점포 운영에 적극적으로 관여하는 등의 사정이 있는 경우에는 단순한 임대라기보다 도급(용역·위탁)으로 평가할 가능성이 있습니다. 이러한 사정 없이 단순히 일반적인 임대차계약 관계라면 도급으로 평가하지 않을 것입니다.

② 실질적 지배·관리 여부와 관련해서는 (가) 식당의 주요 설비를 임차인이 임의로 설치·해체 및 변경할 수 없거나 임대인과 협의해야 가능한 경우 (나) 임대인이 직원을 통해 점포 업무에 개입하는 경우 (다) 임대인이 인테리어 등에 관한 주요 사항을 결정하며 (라) 임차인이 시설에 투자할 때 임대인이 투자비를 보전해주는 경우 등이 임대인이 '유해·위험 요인을 파악해 개선·통제하는 것'으로서 사업장을 지배·관리한다고 보는 요소가 될 수 있습니다.

임대인과 임차인의 관계가 도급·용역·위탁에 해당하고 임대인이 점포를 실질적으로 지배·관리한다면 임대인은 점포에 대해 중대재해처벌법상의 안전 및 보건 확보의무를 다해야 할 것입니다.

위 요건이 충족되지 않는다면 임대인은 임대인으로서 통상적 주의의무 정도를 다하는 것으로 충분합니다. 하지만 임대인 관리 문제로 사고가 발생할 경우 이에 대한 책임을 질 가능성이 있습니다. 따라서 임차인 관리 부분이라고 하더라도 임대인에게 책임이 발생할 소지가 있는 사항(전기, 가스, 임차인 간 공유 부분에 해당하는 벽·천장 등 시설물 안전관리)에 대해 별도의 관리 방안(안전 관련 체크리스트 작성 또는 지침 마련, 정기 순회 점검 등)을 마련함으로써 일정한 안전관리를 실행할 필요가 있습니다.

SECTION 3 *Question*

안전 장구 착용을 거부한 근로자에 대해서도 사업주가 중대재해 책임을 지나요

안전 장구 착용은 안전사고를 예방하고 안전사고가 발생하더라도 그 피해를 최소화하는 가장 기본적인 보호장치입니다. 그러나 산업 현장에서 착용이 귀찮고 작업에 방해가 된다는 이유로 안전 장구를 착용하지 않는 근로자가 많습니다. 고용노동부의 '2021년 7월 건설 현장 추락 위험 일제 점검'에 따르면 전체 현장의 약 33%에서 개인 보호구 관련 지적 사항이 발견될 만큼 안전 장구 미착용 문제가 만연합니다.
그렇다면 근로자가 사고를 당해 사망

➕ 용어 설명
보호구
재해 방지나 건강장해 방지 목적으로 작업자가 직접 몸에 걸치고 작업하는 장비다. 재해 방지를 목적으로 하는 것을 안전 보호구라 하며, 건강장해 방지를 목적으로 사용하는 것을 보건 보호구라 칭한다. 고용노동부 규격이 제정된 보호구로는 안전모, 안전대, 안전화, 보안경, 안전장갑, 보안면, 방진 마스크, 방독마스크, 방음 보호구, 방열복 등이 있다.

하거나 부상당한다면 해당 기업이 중대재해처벌법상 책임을 지게 될까요. 이 경우에도 경영책임자등은 안전확보의무를 게을리한 책임을 질 가능성이 높습니다. 따라서 기업은 근로자의 안전 장구 미착용에 적극적으로 대응할 필요가 있습니다.
산업안전보건법의 하위 법령인 '산업안전보건기준에 관한 규칙'에 따르면 안전 장구를 '보호구'라는 용어로 지칭하고 있습니다. 위 규칙에서는 근로자의 '보호구 착용 의무'를 규정하고 있는

데, 근로자는 사업주로부터 보호구를 받거나 착용 지시를 받으면 해당 보호구를 착용해야 한다는 것입니다. 대표적으로 물체가 떨어지거나 날아올 위험 또는 근로자가 추락할 위험이 있는 작업 시에는 안전모를, 물체가 흩날릴 위험이 있는 작업 시엔 보안경을, 오토바이 운전자는 안전모를 착용해야 합니다.

중요한 것은 근로자뿐 아니라 사업주에게도 '보호구 지급 및 관리 의무'가 있다는 점입니다. 사업주는 근로자의 작업 조건에 맞는 보호구를 작업하는 근로자 수 이상으로 지급하고 착용하도록 해야 하며, 지급한 보호구를 상시 점검해 수리 및 교환하는 등 관리 의무가 있습니다. 한편 중대재해처벌법에서는 경영책임자등이 안전·보건 관계 법령상의 의무가 제대로 이행되도록 반기 1회 이상 점검할 의무를 규정하고 있습니다.

따라서 경영책임자등은 '산업안전보건기준에 관한 규칙'에서 정한 대로 근로자에게 알맞은 보호구가 지급되고 있고 보호구 관리가 잘 이뤄지고 있는지 고장 난 보호구는 없는지 점검하고, 미흡한 부분을 개선해야 합니다. 이를 게을리하다 중대산업재해가 발생하는 경우 경영책임자등은 비록 해당 사고가 근로자 스스로 보호구를 착용하지 않아 발생했더라도 중대재해처벌법상 책임을 질 가능성이 높습니다.

실제로 고용노동부는 사업주가 안전모를 지급했지만 작업자가 노동조합에 동조하기 위해 안전모를 착용하지 않고 작업 중 머리를 다친 사례에서

> 66
> 근로자가 스스로 보호구를 착용하지 않아 사고가 발생했더라도 경영책임자등은 중대재해처벌법상의 책임을 질 가능성이 높다.
> 99

개인 보호구 미착용 현장 현황

1차 현장 점검 (총 3,545개소)
- 30.9% 미지적 현장
- 69.1% 안전관리 불량 현장 (2448개소)

2차 현장 점검 (총 1,050개소)
- 23.3% 미지적 현장
- 76.7% 안전관리 불량 현장 (805개소)

자료 : 고용노동부

사업주가 산업안전보건법상 안전보건 조치의무를 다하지 않은 것으로 보았습니다.

한 가지 더 주의할 점은 중대재해처벌법에서 도급·용역·위탁 등을 행한 경우 원청업체가 협력 업체 직원에 대한 안전보건확보의무까지 부담하도록 정했다는 것입니다. 원청업체는 그 시설, 장비, 장소 등에 대해 실질적으로 지배·운영·관리하는 책임이 있는 경우 협력 업체가 직원에게 보호구를 적절히 지급하는지 관리·감독해야 할뿐 아니라 경우에 따라 원청업체가 협력 업체 직원에게 직접 보호구를 지급하고 보호구에 이상이 없는지 관리하는 체계를 구축해야 합니다.

또한 경영책임자등은 근로자에게 안전 장구가 자신을 지켜주는 마지막 안전장치이며, 보호구 미착용 시 근로자 본인에게도 과태료가 부과될 수 있다는 사실을 교육해야 합니다. 이와 함께 보호구의 위생·청결 상태를 점검해 근로자가 거부감 없이 보호구를 착용할 수 있도록 관리해야 합니다. 보호구 착용에 대해 지속적으로 교육했음에도 근로자가 착용을 거부할 경우 주의·경고조치, 더 나아가 작업에서 배제하고 징계를 내리는 등 엄격한 관리가 필요합니다. 아울러 보호구만으로는 안전사고를 완전히 예방할 수는 없다는 점을 명심해야 하며, 사업주는 근로자가 유해하거나 위험한 작업으로부터 원천적으로 보호받을 수 있도록 안전보건 환경을 조성함으로써 재해의 발생 자체를 방지하는 데에도 힘써야 할 것입니다.

SECTION 3 Question

직장 내 괴롭힘으로 근로자가 자살한 경우도 중대재해에 해당하나요

중앙자살예방센터에 따르면 2018년 자살 사망자 수 13,216명 중 직장 또는 업무상 문제로 인한 사망자는 487명으로 결코 적지 않은 수치입니다. 2021년에도 국내 유수 대기업, 병원 등에서 직장 상사의 갑질과 폭언을 이기지 못하고 자살한 사건이 있었습니다. 또 9급 공채로 임용된 25세 공무원이 발령 3개월 만에 직장 내 괴롭힘을 이유로 자살한 일도 있습니다. 이렇듯 직장 내 부당한 업무 지시와 폭언, 갑질, 왕따 등 괴롭힘과 성희롱으로 인해 우울증

➕ 용어 설명
남녀고용평등법
고용에서 남녀의 평등한 기회 및 대우를 보장하는 한편, 모성을 보호하고 근로 여성의 지위 향상과 복지 증진에 기여하는 것을 목적으로 하는 법률이다. 이 법에서는 일하는 여성들이 모집, 채용, 임금, 배치, 교육훈련, 승진, 정년, 해고에서 부당한 차별을 받지 않고 육아의 권리를 보장받으며 평등하게 대우받을 권리, 직장 내 괴롭힘 금지 규정 등을 명시한다.

을 앓던 근로자가 자살하는 사건이 끊임없이 발생하고 있습니다.
산업안전보건법은 직장 내 괴롭힘에 관해 정부로 하여금 예방을 위한 조치 기준 마련 및 지도·지원을 하도록 하고 있고, 근로기준법은 직장 내 괴롭힘을 금지하는 한편 관련 조치의무를 위반한 사용자에게 과태료를 부과하도록 규정합니다. 그렇다면 직장 내 괴롭힘, 성희롱 등으로 인한 근로자의 자살도 중대재해에 해당할까요. 중대재해처벌법상 중대재해는 중대

산업재해와 중대시민재해로 나뉩니다. 중대시민재해는 특정 원료 또는 제조물, 공중이용시설 또는 공중교통수단의 설계·제조·설치·관리상 결함을 원인으로 발생한 재해여야 합니다. 따라서 직장 내 갑질, 성희롱 등으로 인한 자살은 제조물의 하자나 공중이용시설 등의 관리상 결함과 관련이 없으므로 중대시민재해에 해당할 여지는 없어 보입니다.

중대재해처벌법은 산업안전보건법 제2조 제1호에 따른 산업재해 중 사망자가 1명 이상 발생한 결과를 야기한 재해를 중대산업재해로 규정합니다. 그리고 산업안전보건법 제2조 제1호의 산업재해란 '노무를 제공하는 사람이 업무에 관계되는 건설물·설비·원재료·가스·증기·분진 등에 의하거나 작업 또는 그 밖의 업무로 인해 사망 또는 부상하거나 질병에 걸리는 것'을 말합니다. 따라서 노무를 제공하는 사람이 업무에 관계되는 건설물, 설비, 원재료 등 위 규정에 열거된 요인에 의하지 않더라도 '그 밖의 업무로 인해' 사망했다면 산업재해에 해당합니다.

중대재해처벌법상 '산업재해'의 유형으로서 직장 내 갑질 등으로 인한 자살에 관한 명시적 규정은 없습니다. 그런데 중대재해처벌법은 사업주로 하여금 해당 사업 또는 사업장에 적용되는 것으로 종사자의 안전보건을 확보하는 데 관련한 법령, 즉 안전·보건 관련 법령에 따른 의무이행에 필요한 관리상 조치를 취하도록 하고 있습니다(제4조 제1항 제4호). 이에 따라 자살의 중대재해를 인정하는 과정에서 중대재해처벌법상의 안전·보건 관련 법령에 산업안전보건법뿐 아니라 근로기준법과 남녀고용평등법 등도 포함되는지가 중요한 쟁점이 될 것으로 보입니다. 만약 위 안전·보건 관련 법령의 범위가 폭넓게 해석될 경우 직장 내 자살에 대한 중대재해처벌법을 적용할 여지가 높습니다. 또한 자살은 스스로 죽음을 선택했다는 측면에서 업무와 사망이라는 결과 사이 '인과관계'를 인정할 수 있을지 등이 향후 논란이 될 것입니다.

산업재해보상보험법에서는 원칙적으로 자살은 고의로 행한 자해 행위이므로, 업무상 재해로 인정하지 않는다고 규정합니다. 그러나 예외적으로 '정상적인 인식 능력 등이 뚜렷하게 저하된 상태'에서 한 행위인 경우 업무

> 안전·보건 관련 법령, 업무로 인한 사망의 범위 등에 대한 해석에 따라 향후 직장 내 괴롭힘과 성희롱 등으로 인한 자살도 중대재해로 판단될 가능성이 있다.

487명

중앙자살예방센터에 따르면 2018년 자살자 수 13,216명 중 직장 또는 업무상 문제로 인한 사망자는 27.1%인 487명이다.

상 재해로 본다는 규정도 있습니다. 대법원은 업무로 받는 스트레스가 '사회 평균인 입장에서 볼 때 도저히 감수하거나 극복할 수 없을 정도'가 인정돼야 업무와 자살의 인과관계가 성립할 수 있다고 판단합니다.

또한 "근로자가 극심한 업무상 스트레스와 그로 인한 정신적인 고통으로 우울 증세가 악화돼 정상적 인식 능력이나 행위 선택 능력, 정신적 억제력이 현저히 저하돼 합리적 판단을 기대할 수 없을 정도의 상황에 처해 자살에 이른 것으로 추단할 수 있는 경우"를 업무상 재해로 봅니다. 업무와 자살의 인과관계에 관한 위 판례에 비춰보면, 중대재해처벌법에서도 직장 내 갑질 등이 정상적인 인식 능력을 뚜렷하게 저하시켜 자살에 이른 경우 인과관계를 인정할 수 있다는 견해가 유력하게 제기될 수 있습니다.

요약하자면 향후 중대재해처벌법상의 안전·보건 관련 법령, 업무로 인한 사망의 범위 등에 대한 해석에 따라 향후 직장 내 괴롭힘과 성희롱 등으로 인한 자살도 중대재해로 판단될 가능성이 있습니다. 중대재해 발생 시 안전보건확보의무를 다했느냐에 따라 사업주, 경영책임자등의 처벌이 달라질 것입니다. 직장 내 괴롭힘이나 성희롱으로부터 근로자를 보호해야 하는 의무를 소홀히 한 기업에 대한 사회적 비난 여론이 강해지는 만큼 기업에서는 직장 내 교육 및 보호조치 등 안전·보건 관련 규정을 준수하고 이행하기 위한 체계를 갖춰 철저히 대비해야 합니다.

SECTION 3 *Question*

출퇴근길 사고도 중대재해에 해당하나요

출퇴근 과정에서 발생한 근로자의 안전사고는 산업재해보상보험법에서 '출퇴근재해'라는 이름으로 업무상 재해로 인정하고 있습니다. 출퇴근 재해는 크게 ① 통근버스처럼 사업주가 제공한 교통수단 등 사업주의 지배관리하에 출퇴근 중 발생한 사고 ② 도보, 자가용·자전거 등 자기 소유의 교통수단, 대중교통수단을 이용하는 경우처럼 통상적인 경로와 방법으로 출퇴근하다가 발생한 사고로 구분할 수 있습니다. 과거에는 전자만 출퇴근

⊕ 용어 설명
출퇴근재해 보상제도
자가용, 대중교통, 자전거, 도보 등으로 출퇴근하다가 발생한 사고도 산재로 처리하는 제도. 출퇴근 중 사고를 입은 근로자에게도 일정 요건 충족 시 병원 치료비(요양급여)를 지원하며, 생활 보장을 위한 휴업급여나 장해급여를 지급한다.

재해로 인정했지만, 2018년 1월 1일부터는 후자의 경우도 출퇴근재해 범위에 포함해 근로자를 폭넓게 보호하고 있습니다.
그렇다면 종사자가 출퇴근하다가 교통사고로 사망한다면 중대산업재해에 해당할까요. 중대재해처벌법에서는 중대산업재해를 '산업안전보건법 제2조 제1호에 따른 산업재해 중 1명 이상이 사망하는 경우' 등으로 규정합니다.
중대산업재해는 산업안전보건법의 산

업재해에 해당하는 것을 전제로 하는데, 산업재해보상보험법상 '업무상 재해'의 개념과 산업안전보건법상 '산업재해'의 개념 및 법 취지가 동일하지 않다는 점에서 문제가 발생합니다.

산업재해보상보험법은 재해근로자를 폭넓게 보호하기 위한 법이므로, 업무상 재해의 개념을 되도록 넓게 인정하면서 업무상 재해를 '업무상의 사유에 따른 근로자의 부상·질병·장해 또는 사망'을 업무상 재해(산업재해보상보험법 제5조 제11항)로 규정하고 있습니다. 반면 산업안전보건법은 사업주에 대한 형사처벌을 전제로 산업안전보건에 관한 책임 소재를 명확히 하는 취지의 법입니다.

여기서는 산업재해를 '노무를 제공하는 사람이 업무에 관계되는 건설물·설비·원재료·가스·증기·분진 등에 의하거나 작업 또는 그 밖의 업무로 인해 사망 또는 부상하거나 질병에 걸리는 것(산업안전보건법 제2조 제1항)'으로 규정하므로 근로자에게 발생한 사고가 산업재해에 해당하는지는 좀 더 신중히 결정할 필요가 있습니다.

회사가 종사자들의 업무 수행을 위해 버스를 마련하고 직접 노선을 운영하는 경우 통근버스에 대한 안전보건조치의무는 경영책임자등이 부담합니다. 위와 같은 의무를 게을리해 통근 중 교통사고로 사망자가 발생했다면 이는 중대산업재해에 해당할 가능성이 큽니다.

한편 회사가 협력 업체와 용역 계약을 체결해 통근버스를 운영하는 경우는 좀 더 면밀한 검토가 필요합니다. 구체적 사실관계에 따라 다르겠지만 회사가 통근버스를 직접 소유하고 협력 업체에 운영만 맡기는 예외적인 경우가 아니라면 원청 회사의 경영책임자등이 중대재해처벌법상 책임을 부담하지는 않을 것으로 보입니다.

고용노동부는 '실질적으로 지배·운영·관리하는 책임이 있는 경우'에 대해 사업주가 해당 장소, 시설·설비 등에 대한 소유권, 임차권 등 실질적 지배관리권을 지니고 있어 해당 장소 등의 유해·위험 요인을 인지 및 파악해 유해·위험 요인 제거 등을 통제할 수 있는 경우라고 밝히고 있습니다.

따라서 통근버스의 유해·위험 요인을 통제할 의무는 통근버스의 소유자인 협력 업체가 부담한다고 봐야 합니다. 물론 구체적 사실관계에 따라 책임 소재가 달라질 수 있으나 원청 회사에 자신의 소유도 아닌 통근버스에 대한 안전보건조치의무를 이행할 것을 기대하기는 어려운 일입니다.

다음으로 종사자가 도보로 출퇴근하거나 자기 소유의 교통수단, 대중교통 수단을 이용하는 경우에도 같은 이유로 회사의 경영책임자등이 중대재해처벌법상 책임을 부담하지는 않을 것으로 보입니다. 자가용, 시내버스, 지하철은 회사와 아무런 관련 없이 종사자 자신, 버스 회사 등이 운행하는 것이므로 해당 교통수단을 회사가 실질적으로 지배·운영·관리한다고 볼 수 없기 때문입니다.

출퇴근 사고에 관한 책임 소재는 관련 법을 다각도로 검토해야 하는 복잡한 문제입니다. 기업에서는 중대재해처벌법이 시행되기 전까지 종사자들의 통상적 출퇴근 수단을 파악한 후, 해당 출퇴근 수단이 회사가 실질적으로 지배·운영·관리하는 책임의 범위 내에 있는지 살펴봐야 합니다.

> ❝ 종사자에게 출퇴근재해가 발생할 때 회사가 어떠한 책임을 지게 될지, 해당 출퇴근 수단이 회사가 실질적으로 지배·운영·관리하는 책임의 범위 내에 있는지를 확인하고 안전보건시스템을 정비해야 한다. ❞

장해
업무상 사유에 의해 부상을 당하거나 질병에 걸렸다 치유된 후에도 신체적, 정신적 형태로 인해 노동능력을 상실하거나 감소한 상태를 말한다.

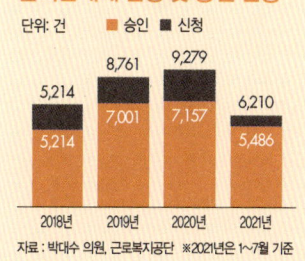

출퇴근재해 신청 및 승인 현황
단위: 건 ■ 승인 ■ 신청

연도	승인	신청
2018년	5,214	5,214
2019년	7,001	8,761
2020년	7,157	9,279
2021년	5,486	6,210

자료: 박대수 의원, 근로복지공단 ※2021년은 1~7월 기준

업무 스트레스로 인한 질병도 중대재해에 해당하나요

우리나라 국민의 스트레스는 체감상 '직장'에서 가장 많이 받는 것으로 나타났습니다. 업무 스트레스는 심리적 변화 외에도 심혈관계, 위장관계, 호흡기계, 생식기계, 내분비계 등 신체 곳곳에 건강상 많은 문제를 일으킵니다. 어떠한 부상이나 질병의 발생이 중대산업재해에 해당하려면 산업안전보건법 제2조 제1호에서 규정하는 '산업재해' 여야 합니다.

산업재해란 '노무를 제공하는 사람이 업무에 관계되는 건설물·설비·원재료·가스·증기·분진 등에 의하거나 작업 또는 그 밖의 업무로 인해 사망 또는 부상하거나 질병에 걸리는 것을 말합니다.

따라서 노무를 제공하는 사람이 업무에 관계되는 건설물이나 설비 등 위 규정에 열거된 요인에 의하지 아니하고도 작업이나 그 밖의 업무로 인해 질병에 걸린 것이라면 산업재해에 해당합니다.

그렇다면 업무 스트레스와 직접적으로 관련된 규정에는 무엇이 있을까요.

> **➕ 용어 설명**
> ### 상당인과관계
> 범죄 발생과 원인의 관계에 관한 유형의 하나로, 어떤 원인이 있으면 보통 그러한 결과가 발생하리라고 인정되는 관계. 예를 들어, 산재사고로 상해를 입은 피해자가 치료를 받던 중 의료사고로 손해가 확대됐다면 확대된 손해와 산재사고 사이에도 어떠한 인과관계가 있다고 본다.

업무 스트레스로 생긴 질병은 작업 중 사고로 인한 부상과 달리 발병 원인을 밝히기가 어렵다.

중대산업재해란?

산업재해 중

[산업안전보건법 제2조제1호에 따른 산업재해] 노무를 제공하는 자가 업무와 관계되는 건설물, 설비 등에 의하거나 작업 또는 업무로 인하여 발생하는 사망 부상 질병을 의미

① 사망자 발생 1명 이상
② 부상자 2명 이상* 동일한 사고로 6개월 이상 치료 필요
③ 직업성 질병자 3명 이상

* 1년간 동일한 유해 요인으로 급성중독(약 2000여 개의 화학적 인자)/반응성 기도과민증후군/스티븐스존슨 증후군/독성 간염/혈액전파성 질병(B형간염, C형간염, 매독, 후천성면역결핍증에 한함)/렙토스피라증/
탄저·단독·브루셀라증/레지오넬라증/감압병/공기색전증/산소결핍증/급성방사선증/무형성빈혈/열사병

산업안전보건법 제5조는 사업주로 하여금 '근로자의 신체적 피로와 정신적 스트레스 등을 줄일 수 있는 쾌적한 작업 환경의 조성 및 근로조건 개선'을 이행하도록 하고 있고, 그 세부 내용은 산업안전보건기준에 관한 규칙(제669조)에서 정하고 있습니다.

이에 따르면 △직무 스트레스 요인 평가 및 개선 대책을 마련해 시행할 것 △작업 계획 수립 시 노무자 의견을 반영할 것 △작업과 휴식을 적절하게 배분하는 근로조건을 개선할 것 △기타 복지를 지원할 것 △건강진단 결과, 상담 자료 등을 활용한 적절한 배치와 건강 문제를 근로자에게 설명할 것 △발병 위험도 평가와 건강 증진 프로그램을 시행할 것이 요구됩니다.

그러나 위 규정은 직무 스트레스가 높은 특정 작업(택배·배달 종사자, 장시간 근로자, 야간 작업자 등)을 대상으로 하므로 일반적으로 적용되는 것은 아닙니다. 위 규정 외에도 산업안전보건법은 감정노동과 고객 폭력(폭행, 폭언)에 관한 건강장해 예방조치 규정을 두고 있으나 이 또한 고객 대면 근로자에 한정해 적용하는 규정입니다.

한편 산업재해보상보험법상 '업무상 재해에 관해 대법원은 ① 근로자의 업무 수행 중 그 업무에 기인해 발생한 질병을 의미하는 것이므로 업무와 질병 사이에 상당한 인과관계가 있어야 하고 ② 질병의 주된 발생 원인이 업무 수행과 직접적 관계가 없더라도 적어도 업무상 과로나 스트레스가 질병의 주된 발생 원인에 겹쳐서 질병을 유발 또는 악화시켰다면 그 사이에 인과관계가 있다고 봐야 하며 ③ 근로자가 헤르페스 바이러스에 기인한 급성망막괴사증이나 뇌염 등의 질병이 발생하기 직전에 업무로 인해 극도로 과로했거나 스트레스를 받은 사실이 인정되는 경우 업무상 재해에 해당한다고 판시한 바 있습니다.

이러한 대법원 판례에 따라 업무 스트레스로 인해 질병에 걸렸다는 인과관계를 입증하면 업무상 재해로 인정될 수 있을 것입니다. 그러나 업무상 재해에 관한 판례의 기준을 산업안전보건법상의 산업재해를 판단하는 데 동일하게 적용하는 데에는 무리가 있으므로 이와 관련해서는 논쟁의 소지가 있어 보입니다.

직장 내의 이른바 갑질, 태움 등 부적절한 관습으로 인해 근로자에게 질병이 발생한 것이 명백하다면 사업장의 업무 및 작업환경에 따라서 법문언상 산업재해에는 해당할 가능성이 있습니다. 그렇지만 현재 중대재해처벌법상에 규정된 직업성질병에는 스트레스나 정신적 질환 관련 질병이 명확히 규정돼 있지 않습니다.

또한, 업무 스트레스로 생긴 질병은 작업 중 사고로 인한 부상과 달리 발병 원인이 업무로 인한 것임을 밝히기가 어렵습니다.

따라서 업무 스트레스로 인한 질병은 설령 산업재해에 해당하더라도 중대재해로 인정되는 것은 현행법령상 쉽지 않을 것으로 보입니다.

SECTION 3 *Question*

아차사고는 무엇인가요

10

'아차사고(Near Miss)'란 근로자의 부주의나 현장 설비 결함 등으로 사고가 발생할 뻔했으나 직접적으로 인적·물적 피해 등이 발생하지 않은 것을 말합니다.

미국의 보험회사 직원이던 허버트 윌리엄 하인리히는 한 건의 대형 사고가 일어나기 전 같은 원인으로 29건의 경미한 사고가 발생했고, 300건의 이상 징후가 존재한다는 '하인리히의 법칙'을 발견했습니다. 즉 사고가 일어나기 전까지 일정 기간 수많은 사전 징후가 나타난다는 것입니다.

하인리히 이후 산업이 기계화·시스템화 등으로 더욱 고도화됨에 따라 새롭게 등장한 '버드의 빙산' 법칙은 아차사고까지 통계 범위에 산입하는데 1(사망):10(경상):30(물적 피해):600(아차사고)의 비율을 제시합니다. 버드의 빙산 법칙은 사고가 아닌 아차사고까지 통계 범위에 넣었다는 점에서 의미가 있습니다. 아차사고가 단지 행운에 기인해 사고로 연결되지 않았을 뿐 언제든 대형 사고를 일으킬 수 있

➕ 용어 설명
하인리히의 법칙

대형 사고가 발생하기 전에 그와 관련한 수많은 경미한 사고와 징후가 존재한다는 것을 밝힌 법칙이다. 큰 재해와 작은 재해 그리고 사소한 사고의 발생 비율이 1:29:300이며, 큰 사고는 우연히 발생하는 것이 아니라 그 이전에 반드시 경미한 사고가 반복되는 과정에서 발생한다는 사실을 실증적으로 밝힌 것이다.

는 불완전한 요인이 내재돼 있다는 점을 시사하기 때문입니다.

산업 현장 내 아차사고의 경우 작업자의 경미한 부주의나 설비의 이상 징후를 발견하고도 이를 방치하면 안전사고로 이어지게 됩니다. 특히 건설 공사 현장, 가스 작업 공장, 화학물질 취급 공장에서 발생하는 아차사고는 작업 현장 밖으로도 영향을 미쳐 여러 시민의 목숨을 앗아가는 대형 재난으로 이어질 수 있습니다. 2012년 경북 구미에서는 근로자가 파이프 연결 순서를 지키지 않고 작업하다 불산이 누출된 사고가 있었는데 이로 인해 무려 5명의 사망자와 500억여 원의 재산 피해가 발생하기도 했습니다.

아차사고를 경험한 근로자 입장에선 큰 피해가 없었으니 그다지 중요하지 않은 해프닝이라 생각해 보고를 생략하는 경우가 있을 것입니다. 또한 사내 보고 시스템상 언제, 어디서, 무엇 때문에 그랬는지 관련 정보를 상세하게 적도록 하는 경우 경미한 사고에 지나치게 시간을 많이 투입하는 것 같아 꺼릴 수도 있습니다.

하지만 아차사고 보고의 중요성을 일깨우는 교육뿐 아니라 보고자가 느낄 수 있는 보고 절차상 불편함을 줄이고 편리한 시스템을 만드는 것, 보고에 대한 인센티브를 주는 것 등은 사고 방지에 도움이 됩니다. 실제로 제조업체인 A사의 경우 정기적으로 응모를 통해 아차사고를 발굴하고 있습니다. 아차사고 사례를 응모 카드 형식에 작성해 반기 1회 제출하도록 하고, 모든 응모작에 대한 반기별 평가 결과

" 건설 공사 현장, 가스 작업 공장, 화학물질 취급 공장에서 발생하는 아차사고는 작업 현장 밖으로도 영향을 미쳐 여러 시민의 목숨을 앗아가는 대형 재난으로 이어질 수 있다. **"**

458명
2020년 산재사고 사망자 중 건설업 분야 사망자 수는 458명으로, 전체 사망자의 51.9%다.

를 공문 게시판에 공지하며 우수작에 대한 보상도 해준다고 합니다.

한편 국토교통부는 건설 공사 참여자를 대상으로 '아차사고 신고제'를 운영해왔는데 2020년 10월부터 일반 국민 모두가 신고할 수 있도록 확대됐습니다. 건축공사, 토목공사 중인 건설 공사 현장에 안전시설물을 설치하지 않았거나 안전수칙을 이행하지 않는 것을 발견한 경우 누구라도 '건설공사 안전관리 종합정보망'에 신고할 수 있습니다. 나아가 고용노동부는 중대재해처벌법의 시행에 맞춰 아차사고 신고제도를 더욱 활성화할 방침입니다. 아차사고와 관련한 해외 입법례를 살펴보면 영국은 RIDDOR(재해·질병 및 위험 상황 보고 규정)'에서 아차사고 중 위험성이 높은 특정 사건을 '위험 발생'에 해당하는 것으로 규정하고 고용주등으로 하여금 산업안전보건청에 신고하도록 의무를 부과합니다. 또 산업안전보건청은 위험 발생뿐 아니라 사업장 내에서 일어나는 일반적인 아차사고도 조사하라고 지도하고 있습니다. 미국의 경우 산업안전보건법상 아차사고의 신고 또는 조사 의무는 없으나 산업안전보건청은 고용주에게 아차사고 조사를 권장하며 가이드를 제공하고 있습니다.

아차사고는 사망, 부상, 질병 등의 재해는 아니므로 중대재해처벌법상의 중대재해에는 해당하지 않을 것입니다. 그렇지만 아차사고의 '조사'는 중대재해처벌법 시행령에 규정된 '사업 또는 사업장의 특성에 따른 유해·위험 요인을 확인해 개선하는 업무 절차를 마련하고 해당 업무 절차에 따라 유해·위험 요인의 확인 및 개선이 이뤄지는지를 반기 1회 이상 점검한 후 필요한 조치를 할 것'(제4조 제3호)이라는 의무이행에 대한 긍정적 징표로서 해석할 수 있을 것입니다.

또 고용노동부가 2021년 8월 배포한 '안전보건관리체계 가이드북'에도 아차사고의 조사는 안전보건관리체계 구축을 위한 핵심 요소로도 명시돼 있습니다. 이에 아차사고에 미진하게 대응하다 관련한 중대재해가 발생하면 재해 예방을 위한 적절한 안전보건관리체계를 구축하지 못해 재해사고가 발생한 것으로 판단될 위험도 존재합니다. 따라서 기업들은 아차사고의 보고·조사·개선체계를 철저히 마련해둘 것을 권장합니다.

SECTION 3 Question

하인리히 법칙과 4M은 무엇인가요

⑪

미국의 보험사 직원이던 허버트 윌리엄 하인리히는 45세가 되던 1931년에 17년간 보험회사 조사역으로 일해온 경험을 살려 《산업재해 예방의 과학적 접근(Industrial Accident Prevention, A Scientific Approach)》이라는 책을 발간했습니다.

이 책에서 하인리히는 "330건의 사고를 분석해보면 1건의 중대한 산업재해와 29개의 경미한 산업재해, 300건의 상해를 불러일으키지 않는 사고(이른바 '아차사고')로 이뤄져 있다"라고 썼

➕ 용어 설명
스위스 치즈 모델

영국의 심리학자 제임스 리즌은 사고 발생 과정을 치즈 숙성 과정에서 특수한 박테리아가 배출하는 기포에 의해 구멍이 뚫려 있는 스위스 치즈를 가지고 설명했다. 이 이론에서는 사고 방지를 위해 휴먼 에러 방지를 가장 우선시한다. 휴먼 에러를 방지하기 위해서는 안전장치와 방지체계(시스템)의 결함을 최소화함으로써 인간이 에러 발생을 최소화하는 것을 목표로 한다.

습니다. 이것이 바로 '하인리히의 사고 피라미드' 1:29:300 비례 이론입니다. 하인리히는 이 책에서 '5개의 도미노'라는 순차적 사고 발생 이론도 주장했습니다. 마치 도미노가 하나씩 무너지듯 순차적으로 사고가 발생한다는 것입니다. 5개의 도미노를 하나씩 살펴보면, 아래와 같습니다.

도미노 1 선조—근로자의 선천적 결함과 사회적 환경

도미노 2 사람—근로자의 부주의성

도미노 3 위험-근로자의 안전하지 못한 행위 또는 기계적·물리적 위험
도미노 4 사고
도미노 5 상해 또는 손실

서구 사회에서는 산업혁명을 거치면서 19세기부터 노동자 보호를 위한 제도적 장치가 점차 마련됐습니다. 하인리히가 근무하던 당시 미국에서는 산재보험을 주마다 차례로 의무화하던 시기였습니다. 다만 그때까지는 원인을 주로 개인의 행위에서 찾는 수준에 머물러 있었습니다.

이러한 시대적 배경에서 살펴보면 하인리히의 이론은 7만 5,000건 정도의 사고 사례를 분석해서 나온 결론이라고는 하지만, 사고 발생 원인을 주로 개인에게서 찾았고 사업주 측인 사례 작성자의 시각이 객관적이지 않을 수 있다는 점을 간과했을 가능성도 배제할 수 없습니다.

물론 이들 사례에 대한 분석 결과를 미국의 1930년대와 확연히 다른 현재 우리나라의 사업장에 적용하기는 어려울 것입니다. 하지만 아차사고나 경미한 산업재해가 여러 번 발생하는 것은 중대한 산업재해의 가능성을 내포한다는 통찰은 높게 인정해야 할 부분입니다. 도미노처럼 여러 가지 요소 중 하나만 무너져도 사고로 이어지므로 사고 그 자체가 아니라 사고로 이어진 원인을 분석해야 한다는 사실을 일깨워줬다는 점에서 선구적 시도였다고 생각합니다.

이와 관련해 산업보건공단에서도 위험성평가 방법론에서 사용하는 '4M'에 대해서도 알아두면 좋습니다. 이 개념은 프랭크 E. 버드가 하인리히 이론을 수정해 만든 '신도미노 이론'에 등장합니다.

신도미노 이론의 5개 도미노는 △관리 부족 △근본 원인 △직접적 원인 △사고 △재해로 이뤄져 있습니다. 버드는 하인리히의 사고 피라미드도 1(사망):10(중대한 산업재해):30(경미한 산업재해):600(아차사고)로 수정했습니다.

또한 재해의 직접적 원인을 4가지로 나눠 평가하는 기본 틀을 마련했습니다. 여기서 4M은 영문자 'M'으로 시작하는 네 단어 △인간적 요인(Man) △기계적 요인(Machine) △환경적 요인(Media) △관리적 요인(Management)을 말합니다.

1990년에 들어와 사고 발생은 사회적·제도적·기술적 요소가 복합적으로 연결돼 발생하는 것이며, 도미노 이론처럼 각 인자가 차례차례 발생하는 것이 아니라는 점이 부각됐습니다. 이에 따라 완전히 새로운 개념인 '복합적' 사고 모델이 등장했습니다.

복합적 사고 모델로는 영국의 심리학자 제임스 리즌(James T. Reason) 교수의 '스위스 치즈 모델'이 있습니다. 4M 사고 분석 방법에 대해서도 사고 원인을 심층적으로 분석하지 못하고, 요소 간 상호작용에 대한 분석이 곤란하다는 비판을 보완한 '근본 원인 분석법' 등 다양한 분석 도구를 사용하고 있습니다.

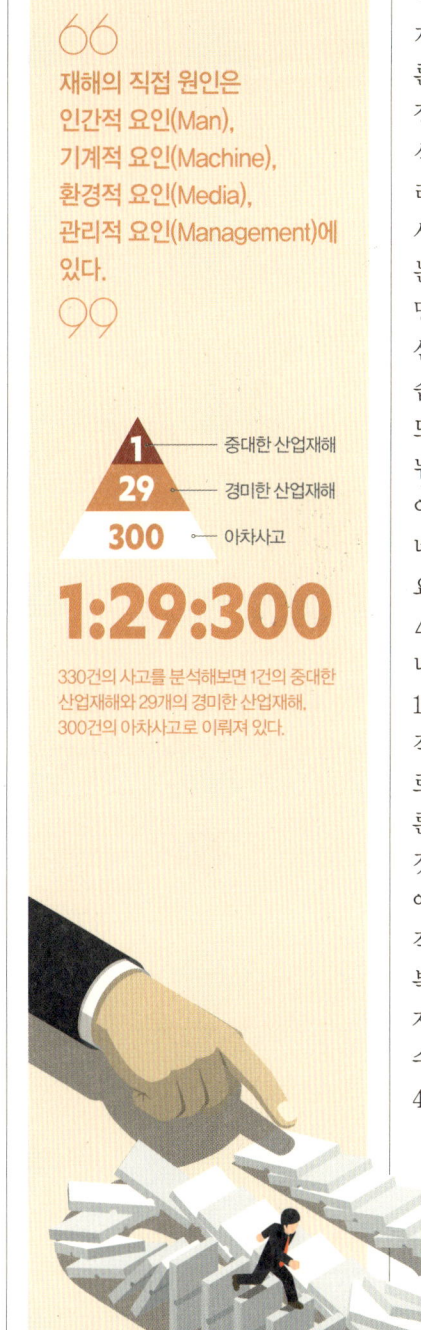

> 재해의 직접 원인은 인간적 요인(Man), 기계적 요인(Machine), 환경적 요인(Media), 관리적 요인(Management)에 있다.

1 중대한 산업재해
29 경미한 산업재해
300 아차사고

1:29:300

330건의 사고를 분석해보면 1건의 중대한 산업재해와 29개의 경미한 산업재해, 300건의 아차사고로 이뤄져 있다.

SECTION 3 Question

공사 기간 연장 요구를 거절한 후 사고가 나면 누가 책임지나요

12

장기간 공사를 하다 보면 시공 부실 보완, 설계 변경, 자재 조달 지연, 악천후 등 여러 가지 사유로 공사 기간이 계획한 것보다 늦어질 수 있습니다. 이 때문에 발주자나 시공사는 작업이 지연되지 않도록 공정관리에 신경 쓰게 됩니다. 건설 현장에서 공사 기간을 맞추는 것은 매우 민감한 문제 중 하나입니다.

또한 공사 기간 준수 압박이 과도해지다 보면 안전관리에 소홀해질 수밖에 없어 사고 발생 원인이 되기도 합니다.

➕ 용어 설명
돌관공사

건설실무에서 정해진 공사 기간을 맞추기 위해 장비와 인원을 집중적으로 투입해 빠른 기간에 종료하는 공사를 뜻한다. 건설사에 공사지연 책임이 없고, 계약변경(공기연장) 필요성을 통지했으나 발주자가 거절해 부득이 돌관공사를 실시, 추가공사비가 발생한 경우 돌관공사비 청구를 법원이 인용하고 있다.

다. 이러한 이유로 산업안전보건법에서는 시공사가 발주자에게, 작업자가 시공사에 천재지변 등 불가항력적 사유나 건설 공사 발주자에게 책임 있는 사유가 있는 경우 건설공사 기간의 연장을 요구할 수 있도록 규정하고 있습니다.

산업안전보건법 제70조(건설공사 기간의 연장) ① 건설공사 발주자는 다음 각 호의 어느 하나에 해당하는 사유로 건설공사가 지연되어 해당 건설

공사도급인이 산업재해 예방을 위해 공사 기간의 연장을 요청하는 경우 특별한 사유가 없으면 공사 기간을 연장해야 한다.
가. 태풍·홍수 등 악천후, 전쟁·사변, 지진, 화재, 전염병, 폭동, 그 밖에 계약 당사자가 통제할 수 없는 사태의 발생 등 불가항력의 사유가 있는 경우
나. 건설공사발주자에게 책임이 있는 사유로 착공이 지연되거나 시공이 중단된 경우
② 건설공사의 관계 수급인은 제1항 제1호에 해당하는 사유 또는 건설공사도급인에게 책임이 있는 사유로 착공이 지연되거나 시공이 중단되어 해당 건설공사가 지연된 경우 산업재해 예방을 위해 건설공사 도급인에게 공사 기간의 연장을 요청할 수 있다. 이 경우 건설공사 도급인은 특별한 사유가 없으면 공사 기간을 연장하거나 건설공사 발주자에게 그 기간의 연장을 요청해야 한다.
③ 제1항 및 제2항에 따른 건설공사 기간의 연장 요청 절차, 그 밖에 필요한 사항은 고용노동부령으로 정한다.

그렇다면 법령에 따른 건설공사 기간의 연장 요구를 발주자나 시공사가 거절해 사고가 발생하면 어떻게 될까요. 현장의 사고가 단순히 공사 기간이 연장되지 않아 발생하는 경우는 드뭅니다. 어떤 측면에서는 작업자의 미숙이나 방만한 태도 등이 주요 원인으로 지목되는 경우도 있습니다. 위 규정상으로는 기간 연장 거절 시 과태료 처분만 규정할 뿐 관련 사고에 대한 책임

공사 기간 연장 요구를 거절한 후 사고가 발생한다면 거절이 사고의 직접적 원인이 아니더라도 발주자 또는 시공사가 책임질 수 있다.

30 Day

도급인은 연장 요청을 받은 날부터 30일 이내에 공사 기간을 연장해야 한다. 단, 남은 공사 기간 내에 공사를 마칠 수 있다고 인정되는 경우에는 그 사유와 증명 서류를 첨부해 건설공사 도급인에게 통보해야 한다.

규정은 존재하지 않아 그 중요성을 간과하기 쉽습니다. 그러나 일단 사고가 발생하면 시공사 관련자뿐 아니라 수급인 근로자 등 작업자들을 소환해 조사하고 공사 과정에서 주고받은 내부 수·발신 서류 등을 상세히 검토해 여러 가지 공정 진행상 미비점을 찾아내게 됩니다.
일단 사고가 발생하면 평소 안전보건관리에 만전을 기했다고 하더라도 평소 크게 문제 된다고 생각하지 못한 미비점이 나타나기 마련입니다. 더욱이 법령에 입각한 공사 기간 연장 요구를 거절한 경우라면 특별히 눈에 띌 수밖에 없습니다. 공사 기간 연장으로 인한 손해는 금전적 부분에서 발생하지만 기간 연장을 거절함으로써 인명 피해가 발생한 것이니 사후적으로 이를 정당화하기도 어렵습니다.
이로 인해 산업재해 사고에 관해 유죄를 선고한 형사처벌 판결문에서는 '공사 기간 단축', '작업 재촉', '돌관공사' 등의 문구가 빈번히 등장합니다. 따라서 공사 기간 연장 요구를 거절한 후 사고가 발생한다면 이러한 거절이 사고의 직접적 원인이 되지는 않았다고 하더라도 발주자 또는 시공사가 책임질 수 있습니다.
따라서 작업자도 공사를 태만하게 진행해서는 안 되겠지만, 발주자와 시공사는 공사 기간의 연장 요구가 있는 경우 이러한 요구가 산업안전보건법에 규정된 사유로 인한 것인지 면밀히 살피고 특별한 사유가 없다면 이를 수용함으로써 최대한 협력해나가야 할 것입니다.

SECTION 3 *Question*

배달 라이더의 교통사고는 누가 책임지나요

⑬

음식 배달 플랫폼의 활성화와 코로나19 영향으로 배달 라이더들의 수요가 급증했습니다. 이에 따라 라이더들의 교통사고도 증가하고 있습니다. 최근에는 선릉역 사거리에서 한 라이더가 화물차에 치여 사망하는 사고가 발생해 주위를 안타깝게 했습니다. 선릉역 사고가 있었던 일주일 동안 무려 3건의 사망사고가 일어날 정도로 배달 라이더들은 재해에 노출돼 있습니다. 서울시 발표 자료에 따르면 서울 시내 이륜차 교통사고는 1년 전보다 20% 증가

+ 용어 설명

플랫폼 노동

정보통신기술의 발전으로 탄생한 애플리케이션, SNS 등 디지털 플랫폼을 매개로 노동력이 거래되는 근로 형태를 이른다. 스마트폰 사용이 일상화되면서 등장한 노동 형태로, 배달대행앱·대리운전앱·우버 택시 등이 이에 속한다.

했다고 합니다. 이에 배달 라이더들을 보호하는 시스템이 필요하다는 목소리도 나옵니다. 그러나 배달 라이더가 근로자가 아닌 경우 산업안전보건법이 전면 적용되지 않기 때문에 다음과 같은 항목을 고려해야 합니다. 배달 라이더들이 체결하고 있는 계약의 형태는 아래와 같이 분류할 수 있습니다.

1. 배달 대행업체와의 계약 형태: 배달 플랫폼업체는 주문 중개를 하고, 라이더는 배달 대행업체와 위탁계약에 따라 배달하는 형태입니다(배달 라이더

는 각 지역에 설치된 배달 대행업체와 제휴). 통상적으로 배달 대행업체는 지역별로 대리점 형태의 스테이션·지사를 운영하며, 스테이션·지사가 배달 라이더를 모집해 위탁계약을 체결합니다.

2. 배달 플랫폼업체와의 계약 형태: 배달 플랫폼업체와 라이더가 직접 위탁계약을 맺고, 배달 플랫폼업체와 제휴한 음식점에 주문받은 음식을 배달합니다.

이와 같은 배달 라이더의 법적 지위는 근로기준법상의 근로자성과 관련해 문제로 떠올랐습니다. 이에 대해 대법원은 배달 대행업체와 위탁계약을 체결하고 배달한 배달 라이더는 근로기준법상 근로자에 해당하지 않는다고 판시했습니다(대법원 2018. 4. 26. 선고 2017두74719 판결). 대법원이 근로자성을 부정한 주요 논거는 배달원들이 배달앱상의 배달 요청을 거절할 수 있고, 업무 시간과 근무 장소가 별도로 정해져 있지 않다는 것이었습니다. 다만 산업안전보건법은 배달앱 등을 통해 이동통신 단말장치로 물건의 수거·배달 등을 중개하는 자(배달 플랫폼)에 대해 배달 종사자에 대한 안전보건조치의무를 부여하고 있습니다. 구체적으로는 안전모 보유 여부 확인, 안전운행 및 산업재해 예방에 필요한 사항에 대한 정기적 고지, 산업재해를 유발할 수 있을 정도로 물건의 수거·배달 등에 소요되는 시간을 제한하지 않을 것 등을 규정하고 있습니다(산업안전보건법 제78조, 산업안전보건기준에 관한 규칙 제673조).

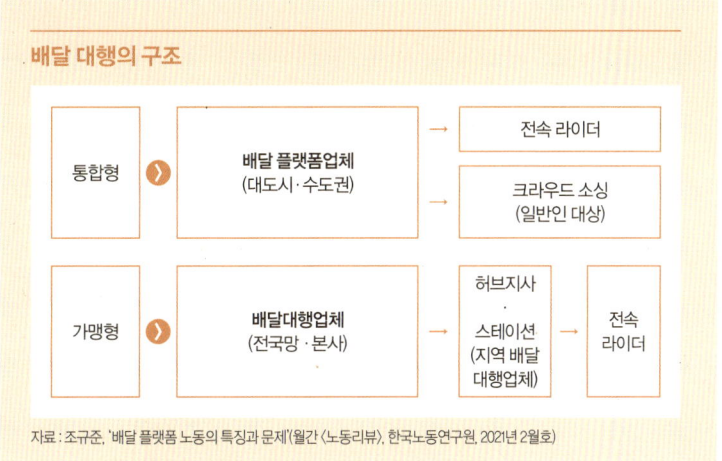

배달 대행의 구조

자료: 조규준, '배달 플랫폼 노동의 특징과 문제'(월간 〈노동리뷰〉, 한국노동연구원, 2021년 2월호)

> **❝ 배달 라이더는 특별한 시설의 구비 없이 이륜차 등을 통해 배달 업무를 하므로 주로 실질적 지배·운영·관리의 존재 여부가 문제 될 수 있다. ❞**

그렇다면 배달 라이더들은 중대재해처벌법의 보호를 받을 수 있을까요. 중대재해처벌법은 사업주나 경영책임자등이 실질적으로 지배·운영·관리하는 사업·사업장 또는 시설, 장비, 장소 등에 대해 실질적으로 지배·운영·관리하는 책임이 있는 경우(도급·위탁·용역 시 제3자의 종사자)에 발생합니다. 그런데 배달 라이더는 특별한 시설의 구비 없이 이륜차 등을 통해 배달 업무를 하므로 주로 장비, 장소 등에 대한 지배·운영·관리 여부가 문제가 될 수 있습니다. 배달 플랫폼업체가 배달 라이더들이 여러 콜을 받도록 강제해 사고가 난 경우에는 해당 배달 라이더와 계약을 체결한 업체가 사고에 대한 중대재해처벌법상의 책임을 질 가능성이 존재합니다.

배달 플랫폼업체가 아닌 배달 대행업체가 배달 라이더와 계약을 체결하는 경우에도 배달 대행업체와의 관계에서는 위와 같은 요소가 고려될 것입니다. 반면 이러한 유형에서 배달 플랫폼업체는 배달 라이더의 모집·계약에 직접 관여하지 않고 주문 중개자 역할을 하는 것이 일반적입니다. 따라서 배달 플랫폼업체는 '실질적 지배·운영·관리'의 책임이 없다는 주장이 유력하게 제기될 수 있습니다. 이에 배달 플랫폼업체 보다 배달 대행업체를 중심으로 중대재해처벌법상의 수사가 진행될 가능성이 커 보입니다. 다만 중대재해처벌법은 상시 5인 미만 사업 또는 사업장에는 적용되지 않으므로 5인 미만인 지사·스테이션과 배달 위탁계약을 체결한 배달 라이더는 중대재해처벌법에 따른 보호를 받지 못할 수 있습니다.

위험성평가란 무엇인가요

철수와 영희는 2박 3일 제주도 여행을 계획했습니다. 들뜬 마음으로 아무 준비 없이 떠나면 될까요. 이때 엄마가 한마디 합니다. "여행 갈 때는 계획을 잘 짜야 해. 그리고 안전하게 돌아오는 계획이 중요해."

우리는 통상적으로 금융투자 상품에 투자할 때 어떤 위험이 있는지 사전 정보를 철저하게 조사합니다. 또한 위험에 대비하기 위한 방법을 찾고 무의식 중에 '위험성평가'를 수행합니다. 주식을 살 때, 부동산을 사거나 팔 때, 길을 건널 때 항상 위험성을 평가합니다. 그러나 '위험'과 '위험성'은 다릅니다. 예를 들어, 독이 든 사과는 위험(Hazard)합니다. 백설공주가 그 사과를 먹는 행위를 위험성(Risk)이라고 하는데 독이 든 사과 자체만으로는 백설공주를 해칠 수 없습니다. 백설공주가 독이 든 사과를 먹은 것은 마녀의 꾀에 빠졌기 때문입니다.

이렇듯 행위와 관계된 것이 위험성입니다. 위험성이 잘 보이지 않을 때 여러분은 어떻게 하시나요. 금융투자 분

⊕ 용어 설명
위험성평가
사업장의 유해·위험 요인을 파악하고 해당 유해·위험 요인에 의한 부상 또는 질병의 발생 가능성(빈도)와 중대성(강도)을 추정·결정하고 감소대책을 수립해 실행하는 일련의 과정을 말한다.

야에서는 "가치 투자를 해야 한다", "과도한 거액 단기 투자는 하지 말라"라고 이야기합니다.

경제 분야의 위험성 평가는 일을 하면서도 적용됩니다. 즉 경제적 투자에서 고위험을 택했을 때 금전적 손실이 발생할 것입니다. 더욱이 생명과 관계된 일이라면 더 세심한 사전 검토가 필요합니다. 안전은 '수용할 수 없는 위험성이 없는 것'이라고도 합니다(freedom from risk which is not tolerable).

위험성평가는 안전을 위해 위험성을 줄여나가는 일련의 과정입니다. 무슨 위험이 있는지 파악하는 일을 선행해야 하고, 그 위험이 발생할 가능성은 얼마나 되는지, 위험의 크기는 어느 정도인지 등을 따져봐야 합니다. 그리고 그 위험을 줄일 방법이 있는지 스스로에게 묻는 과정을 거쳐야 합니다.

위험성 평가를 하면 그 결과는 다음 4가지로 분류될 것입니다.

> ① 위험의 크기가 크고 발생 확률이 높을 때
> ② 위험의 크기가 크지만 발생 확률이 작을 때
> ③ 위험의 크기가 적고 발생 가능성이 높을 때
> ④ 위험의 크기가 적지만 발생 가능성이 낮을 때

첫 번째는 그 일을 하지 않거나 위험의 크기를 줄여야 합니다. 두 번째는 고민해 볼 필요가 있습니다. 확률이 낮다고 해서 무당횡단할 수는 없기 때문입니다.

> 사업주가 스스로 사업장의 유해·위험 요인에 대한 실태를 파악하고 이를 평가해 관리·개선하는 등 조치가 필요하다.

2,062명
2020년 산업재해로 발생한 사망자 수

산재보험료율
20% ↓

위험성평가 인정 시 산재보험료율 20% 인하, 정부 포상 또는 표창 우선 추천, 클린사업장 조성 지원 보조금 1,000만원 추가 지원 등 다양한 혜택을 받을 수 있다.

다. 세 번째는 발생 가능성을 줄이려는 노력을 해야 합니다. 마지막은 우리가 용인할 수 있는 경우에 해당합니다.

영국은 위험성평가의 원칙이 생기면서 법원에서 다음과 같은 원칙을 확립했습니다. 알랍(ALARP)은 'As Low As Reasonably Practicable'의 약자로, 위험이 합리적으로 실행 가능한 정도까지 최대한 낮아야 한다는 것입니다. 우리는 위험을 좋아하지 않습니다. 그러나 위험하다고 모든 자동차와 비행기 운행을 금지해야 하는 것은 아닙니다. '합리적'인 것은 우리가 인지하고 지킬 수 있는 기준점을 말합니다. '실행 가능성'도 우리가 보유한 과학기술, 사회적 제도·장치·절차 등이 현실적이어야 한다는 의미입니다.

물론 무한정 용인해야 한다는 개념은 아닙니다. 합리적이라는 것은 그 업계에 종사하는 사람들이 충분히 수행할 수 있는 정도를 말합니다. 즉 일반인에게 적용하는 것보다 조금 더 철저하고 전문적인 대비책인 것입니다.

이처럼 위험성평가는 우리 곁에 가까이 있으면서도 알아채지 못하는 사이에 우리의 안전을 지켜주는 원칙입니다. 그렇기 때문에 법은 사업주가 스스로 사업장의 유해·위험 요인에 대한 실태를 파악하고 이를 평가해 관리·개선하는 등 필요한 조치를 하도록 규정하고 있습니다(산업안전보건법 제36조). 이러한 위험성 평가를 소홀히해 중대재해가 발생할 경우 중대재해처벌법도 적용될 것입니다. 우리는 위험성평가를 통해 매일 안전하게 떠나는 여행을 계획해야 합니다.

SECTION 3 *Question*

공정안전관리제도(PSM)는 무엇인가요

'보팔 대참사'를 아시나요. 1984년 12월 3일, 인도 중부 마디아프라데시주에 속하는 인구 180만의 도시인 보팔시에서 일어난 일입니다. 모두가 잠들어 있던 한밤중에 인근 유니언 카바이드사의 공장 내 화학물질이 담겨 있던 한 탱크에서 문제가 발생했습니다. 탱크의 온도가 올라가기 시작한 것입니다. 공장 직원이 문제를 발견하고 온도를 낮추려 했지만, 탱크는 냉각되지 않고 온도가 계속 올라가 결국 폭발했고 화학물질이 누출되고 말았습니다.

새벽 1시, 경찰과 소방 당국이 출동하고 비상경보가 울렸습니다. 하지만 잠들어 있던 시민들은 이를 알지 못했고, 공기보다 무거운 유독가스는 낮게 깔리면서 도시 전체로 번져나갔습니다. 호흡곤란 등 갑작스러운 고통에 깨어난 시민들이 도망치려 했지만 그럴 수 없었습니다. 아침이 되자 사람은 물론 동물들도 쓰러지기 시작했습니다. '죽음의 공포'가 도시 전체를 뒤덮은 것입니다.

+ 용어 설명

플루오린화수소산

'불산'이라고 불리는 화학물질. 2012년 9월 27일 경북 구미에서 플루오린화수소(Hydrogen Fluoride, HF) 가스가 누출되는 사고가 발생했다. 그 결과 작업자 5명이 목숨을 잃었고, 현재까지 2차 피해가 확산하고 있다.

이로 인해 60만 명이 넘는 보팔 시민이 유독가스에 노출되는 어마어마한 피해가 발생했습니다. 아직도 정확한 사망자 수는 집계되지 않았으나 최소 3,700명에서 1만8,000명으로 추산하고 있습니다. 이 사고로 후유증이나 장애를 입은 사람은 수십만 명에 이르렀다고 합니다. 사고 이후 사산, 기형아 출산 등 그 고통은 아직도 끝나지 않고 있습니다.

이런 끔찍한 사고를 일으킨 화학물질은 농약과 살충제를 만드는 데 쓰는 메틸 이소시아네이트라는 독가스였습니다.

우리나라도 1991년 낙동강 페놀 누출 사고, 2012년 구미 불산 누출 사고가 있었습니다. 공장 근로자들이 사망하고 수십 명이 부상을 입었으며, 인근의 나무가 말라죽는 등 환경·토양 피해가 발생했습니다. 구미 불산 누출 사고의 경우 당시 바람이 구미 시내 쪽으로 불었다면 더 큰 피해가 일어날 수 있는 사고였습니다.

이런 대형 참사를 방지하려면 어떻게 해야 할까요. 보팔 대참사의 원인은 공장 내에서 유지보수에 대한 안전관리 절차와 교육 등이 미비했고, 기업이 비용을 아끼기 위해 안전설계와 안전관리 투자를 소홀히 한 결과였습니다.

공정안전관리제도(Process Safety Management, PSM)는 이러한 화학물질 등 유해 물질을 다루는 위험시설에서 발생하는 사고를 시스템적으로 예방할 수 있는 관리체계를 사업장 내에 갖추도록 하고 이를 감시·평가하는 제도입니다. 산업안전보건법은 1996년부터 이 제도를 시행 중입니다. 석유화학업종, 살충제·농약제조업종, 화약제조업종 등 위험 업종과 불산 등 유해 위험 물질을 일정량 이상 보유하고 있는 사업장에 적용하고 있습니다.

공정안전관리제도에 따르면 공정위험성평가서, 안전운전절차, 설비점검·정비, 비상조치계획, 안전작업허가, 변경요소관리, 협력업체관리 등 12개 요소에 대해 공장 설치 단계부터 심사 및 허가가 이뤄지고 이후에도 주기적 평가를 통한 등급 관리를 실시합니다.

중대재해처벌법에서는 경영책임자등에게 기업의 안전보건관리체계를 구축하고 위험성평가를 통한 상시적 유해·위험 요인의 발굴과 개선 활동을 요구하고 있습니다. 시스템적 안전보건관리를 요구하고 있는 것인데, 이는 현재 중대재해처벌법 의무 준수 사항의 핵심이라고 할 수 있습니다. 이는 공정안전관리제도에서 요구하는 사항이기도 합니다. 따라서 공정안전관리제도는 중대재해처벌법의 예방 활동 개념의 모태라고 볼 수 있습니다. 안전관리는 단순히 개인의 부주의에 대한 경각심을 강조하는 것으로 끝나서는 안 됩니다.

복잡해진 사회의 기업 구조 속에서 안전을 확보하기 위해서는 근본적이고 체계적인 안전시스템 관리와 구축이 필요합니다. 그런 의미에서 PSM 제도는 우리나라 안전 수준을 높이는 데 큰 의의가 있습니다.

> "PSM은 석유화학업종, 살충제·농약제조업종, 화약제조업종 등 위험 업종과 불산 등 유해 위험 물질을 일정량 이상 보유하고 있는 사업장에 적용된다."

PSM 12개 요소

공정위험성평가서, 안전운전절차, 설비점검·정비, 비상조치계획, 안전작업허가, 변경요소관리, 협력업체관리 등 12개 요소에 대해 공장 설치 단계부터 심사 및 허가가 이뤄지고 이후에도 주기적 평가를 통한 등급 관리를 실시한다.

SECTION 3 Question

안전 작업 허가 없이 작업하다 사고가 나면 발주자가 책임지나요

공장주인 철수는 장마철에 3층 창문에서 비가 새자 해당 부분 전체를 리모델링하기로 하고, 같은 지역에서 건설업에 종사하고 있는 만수에게 공장 건물 수리 공사를 부탁했습니다.
건설업자인 만수는 아침 일찍 같이 일하는 작업자를 데리고 수리 작업을 시작했고, 비가 새는 곳을 확인하기 위해 고소사다리를 놓고 올라가도록 했습니다. 그런데 작업자가 올라가던 중 사다리가 미끄러져 넘어지면서 바닥으로 떨어져 사망하는 일이 발생습

➕ 용어 설명
안전 작업 허가
사업장 내에서 이뤄지는 작업 중 특별히 중대재해가 발생할 수 있는 유해, 위험 작업에 대한 안전을 확보하기 위해 시행하는 작업 절차.

니다. 건설업자 만수는 공장주 철수에게 사고가 발생한 작업을 하는 것을 미리 알리지 않았습니다. 이 경우 누구에게 중대재해처벌법상 책임이 발생할까요.
여기서 '발주'와 '도급'이라는 용어에 주목할 필요가 있습니다. 두 용어는 같은 의미로 혼용하기도 하지만, 법률상 구분되는 의미가 있습니다. 구체적으로 살펴보면, 건설산업기본법에서 '발주자'란 '건설 공사를 건설사업자에게 도급하는 자'라고 정의하고 있습니다. 전

기공사업법에서도 '발주자'에 대해, '전기 공사를 공사업자에게 도급하는 자'로 규정하고 있고, 정보통신공사업법에서는 '공사(또는 용역)를 공사업자(또는 용역업자)에게 도급하는 자'로 규정하고 있습니다.

민법 제664조에도 도급의 정의가 있습니다. 민법상 도급은 어떤 일의 완성을 부탁받은 자(수급인)가 일을 하기로 약정하고, 부탁한 자(도급인)가 그 일이 완성되면 보수를 지급할 것을 약정함으로써 성립하는 계약으로 정의합니다.

고용은 노무의 제공 그 자체를 목적으로 하지만, 도급은 노무를 통해 어떤 일을 완성하는 것을 내용으로 하는 점에서 다릅니다. 이와 같이 도급은 노무 공급 계약의 일종이면서, 일정한 일을 완성하는 것을 본질적인 내용으로 하고 있습니다.

이와 같이 도급은 일의 완성을 목적으로 하는 것이므로 반드시 수급인 자신이 할 필요는 없으며, 금지 특약이 없는 한 수급인은 그 일을 제3자에게 도급할 수 있습니다. 이를 하도급(下都給)이라고 합니다. 주로 건설업에서 발달했으며, 현재는 안전이나 중간 착취의 배제와 관련해 제재를 두기도 합니다.

특히 2019년 개정한 산업안전보건법에서는 수급인(하수급인) 근로자의 안전보건 문제를 해결하기 위해 도급인의 의무를 대폭 강화하는 한편, 건설공사 발주자를 "건설공사를 도급하는 자로서 건설공사의 시공을 주도하여 총괄·관리하지 아니하는 자"로 별도로 정하고 있습니다.

> **산업안전보건법상 도급인은 자신의 사업장에서 작업을 하는 경우 사고 위험 방지의 폭넓은 책임을 진다.**

건설공사 발주자는 건설사업자가 시공을 하면서 발생한 사안에 대해 직접적인 책임을 지지 않는 것이 원칙입니다. 반면 산업안전보건법상 도급인은 자신의 사업장에서 작업을 하는 경우 사고 위험 방지의 폭넓은 책임을 집니다. 또한 중대재해처벌법 제4조에 따라 사업주 또는 경영책임자등에게 실질적으로 지배·운영·관리하는 사업 또는 사업장에서 종사자의 안전·보건상 유해 또는 위험을 방지해야 하는 의무를 부과하고 있는데, 고용노동부 중대재해처벌법 해설서는 발주의 경우 사업 또는 사업장에 대한 실질적인 지배·관리·운영을 하는 자가 아닌 주문자에 해당하는 것이 일반적이라고 설명하며, 특별한 사정이 없는 한 중대재해처벌법이 적용되지 않는다는 입장을 밝히고 있습니다.

결론적으로 위 사례의 사고에서 안전작업 허가를 받지 않고 작업을 한 건설업자는 안전규칙을 지키지 않고 작업을 해 발생한 사고에 대한 책임이 있습니다. 일을 부탁한 공장주는 자신의 지위가 건설공사 발주자인지 아니면 실질적으로 지배·운영·관리하는 도급인지 여부에 따라서 자신의 사업장에서 발생한 사고에 대한 책임의 인정 여부가 판단될 것으로 예상됩니다. 공장주 입장에선 억울한 부분이 있을 수 있으나 현행 산업안전보건법과 중대재해처벌법에 유의해야 합니다.

SECTION 3 Question

더위 속에서 일하다가 쓰러진 경우 중대재해에 해당하나요

2021년 여름 35℃가 넘는 폭염이 연일 기승을 부렸습니다. 폭염 탓에 택배기사, 건설 인력 등 실외에서 일하는 사람들이 건강에 위협을 받았습니다. 정부는 산업재해를 막기 위해 '폭염 대비 노동자 긴급 보호 대책'을 추진하기도 했습니다.

2021년 7월에는 아파트 건설 현장에서 콘크리트를 거푸집에 붓는 작업을 하는 타설공 A씨가 사망했는데, 폭염 속 야외 공사가 계속되는 상황에서 발생한 사고였습니다. 이와 같이 근로자들이 더위 속에서 일하다가 쓰러진 경우에도 중대재해에 해당할까요.

산업안전보건법 제2조 제1호의 산업재해란 '노무를 제공하는 사람이 업무에 관계되는 건설물·설비·원재료·가스·증기·분진 등에 의하거나 작업 또는 그 밖의 업무로 인해 사망 또는 부상하거나 질병에 걸리는 것'을 말합니다. 산업안전보건법은 '다량의 고열 물체를 취급하는 작업과 현저히 덥고 뜨거운 장소에서 하는 작업'을 유해·위험 작업으로 취급해 근로시간 제한 등

➕ 용어 설명
타설공
시멘트, 모래, 자갈, 물이 혼합된 콘크리트를 거푸집 안에 치밀하고 균질하게 충진하기 위해 진동을 주어 다지는 기계를 조작하는 일 또는 사람

을 규정(제139조, 시행령 제99조)함으로써 고열 작업으로부터 근로자를 보호하고 있습니다. 따라서 근로자가 더위 속에서 작업하다가 쓰러지면 산업안전보건법상 산업재해에 포함될 수 있습니다.

한편, 온열질환이 중대재해에 해당하려면, 중대재해처벌법 시행령에서 정한 '직업성 질병'에 해당해야 하는데, 시행령에는 '일사병'에 관한 규정은 없고, '고열 작업 또는 폭염에 노출되는 장소에서 하는 작업으로 발생한 심부체온 상승을 동반하는 '열사병'만을 한정해 규정하고 있습니다.

일사병은 열사병과 용어는 유사하지만, 별개 질환임을 유의할 필요가 있습니다. 일사병은 고온에 장기간 노출돼 일시적 현기증 및 약간의 정신 혼란, 두통, 구토를 수반하지만 중추신경계의 이상은 없는 상태를 말합니다. 반면 열사병은 대개 고온 다습한 환경에서 지속적으로 몸의 열을 내보내지 못할 때 발생하며, 무덥고 밀폐된 공간에서 일하거나 운동할 때 주로 발생합니다. 열사병은 40℃ 이상의 고열을 동반하고 발작, 경련, 의식 소실 등과 함께 중추신경계 기능 이상을 일으킵니다.

정리하면 고열 작업이나 폭염에 노출돼 '심부 체온 상승을 동반하는 열사병'에 걸린 사람이 1년 이내 3명 이상 발생하면 중대재해가 됩니다. 고열 작업으로 근로자가 사망한 경우에는 그 사망의 원인이 된 질병이 반드시 열사병이 아니더라도 중대재해에 해당할 수 있습니다. 중대재해처벌법은 사망

> 동일한 유해 요인으로 급성중독 등 대통령령으로 정하는 직업성 질병자가 1년 이내에 3명 이상 발생한 경우를 말한다.

온열질환
폭염으로 발생하는 질환으로, 어지럼증·발열·구토·근육 경련·발열 등의 증상을 동반한다. 온열질환에는 일사병, 열사병, 열경련, 광각막염 등이 있다.

최근 5년간 여름철 온열질환 산업재해 발생 현황

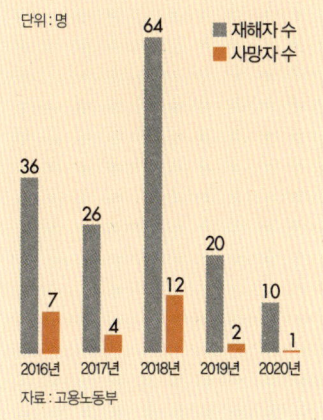

단위: 명
■ 재해자 수
■ 사망자 수

2016년	2017년	2018년	2019년	2020년
36 / 7	26 / 4	64 / 12	20 / 2	10 / 1

자료: 고용노동부

자를 1명 이상 발생시킨 산업재해에 대해서는 사망의 원인이 시행령에서 정한 직업성 질병인지를 묻지 않고 모두 중대재해에 포함하고 있기 때문입니다.

중대재해처벌법 제4조는 경영책임자등에게 안전보건관리체계의 구축 및 이행 조치 의무를 부과하고, 시행령 제4조는 그 구체적인 사항으로 유해·위험 요인을 확인 및 개선할 절차를 마련할 의무(제3호), 그 이행을 위한 예산편성 및 집행의무(제4호), 중대재해가 발생하거나 발생할 급박한 위험이 있을 경우를 대비한 작업중지 등의 매뉴얼, 구호 조치의 마련 및 점검의무(제8호)를 규정하고 있습니다.

또 고용노동부가 제공한 안전보건관리체계 가이드북은 폭염 대응 재해 예방 조치로서 기상청 폭염경보하에서 무더위 시간대(오후 2~5시)에 옥외 작업을 하는 경우, 근로자가 그늘을 찾아 피하거나 휴식을 취할 수 없는 상태에서 현기증, 오심, 구토, 두통, 발한 정지에 의한 피부 건조, 무기력, 혼수상태 등 온열질환 의심 증상을 보이거나 호소하는 근로자가 있는 경우 작업을 중지해야 한다고 안내하고 있습니다.

따라서 중대재해처벌법 시행 후에는 고열 작업장이나 폭염 기간 동안 사업장에서는 그늘막 등을 설치하고 일정 시간 작업 시 휴게 시간의 의무화, 시원한 물 제공, 온열 증상 의심 시 응급구호 등을 통해 근로자의 열사병을 철저히 예방해야 할 것입니다.

SECTION 3 Question

도급할 때 수급인의 안전관리능력 평가를 반드시 해야 하나요

18

2019년 1월 16일 전부개정된 산업안전보건법(2020년 1월 16일 시행) 제61조는 "사업주는 산업재해 예방을 위한 조치를 할 수 있는 능력을 갖춘 사업주에게 도급해야 한다"라며 적격 수급인 선정 의무를 새로 규정했습니다.

이와 같은 적격 수급인 선정 의무의 도입 배경에는 최근 도급이 비용 절감, 위험 외주화 등의 목적으로 이뤄지는 것이 일반적이라는 문제의식이 저변에 깔려 있습니다. 사업주는 안전 및 보건에 관한 전문 인력 등의 확보가 어려운 영세업체에 낮은 금액으로 도급할 유인이 있으며, 이에 산업재해 예방 능력을 갖추지 못한 영세업체가 도급을 받아 그 소속 노동자가 산업재해를 입는 문제가 지속적으로 발생한다는 것입니다. 이에 도급인은 적정한 산재 예방 조치 능력을 갖춘 수급인에게 도급할 필요가 있다는 지적이 제기돼왔습니다.

이와 같은 의무 규정에도 불구하고 수급인에 대한 평가 항목이나 기준 등은

> ➕ **용어 설명**
>
> ### 적격 수급인 선정 의무
>
> 사업주는 산업재해 예방을 위한 조치를 할 수 있는 능력을 갖춘 사업주에게 도급해야 한다. (산업안전보건법 제61조, 적격 수급인 선정 의무) 사업주가 적격 수급인 선정 의무를 위반한 경우 산업안전보건법상 직접적 처벌 규정은 없지만, 이러한 의무를 위반함으로써 제3자에게 인적·물적 손해가 발생하는 경우 민형사상 책임이 귀속될 수 있다.

하위 법령을 통해 구체화되지 않았고, 적격 수급인 선정 의무를 위반했을 때의 제재 규정도 따로 마련되지 않았습니다.

다만 고용노동부는 법령은 아니더라도 '도급사업 안전보건관리 매뉴얼'(2019년) 또는 '도급시 산업재해예방 운영지침'(2019년) 등 지침을 통해 의무 내용을 구체화하고 있습니다. 예를 들어 '도급사업 안전보건관리계획서' 및 '수급 업체 선정 가이드라인' 등을 통해 수급인의 적격성을 평가하는 시스템을 마련하도록 의무이행 방향을 제시하기도 하고, 적격 수급 업체 선정 평가표 등 필요한 양식도 제공하고 있습니다.

중대재해처벌법은 중대산업재해 관련 안전보건관리체계 구축 및 이행조치 내용으로 도급, 용역, 위탁의 경우 수급인 등의 산업재해 예방을 위한 조치 능력과 기술에 관한 평가 기준 및 절차를 마련하고, 이에 따라 반기 1회 이상 점검할 것을 규정하고 있습니다(중대재해처벌법 제4조 제1항 제1호, 시행령 제4조 제9호 가목). 또한 공중이용시설·공중교통수단과 관련해서도 이와 유사한 내용의 수급인 등의 조치 능력 및 안전관리능력에 관한 평가 기준 및 절차를 마련하고 연 1회 이상 점검하도록 하고 있습니다(중대재해처벌법 제9조 제2항 제1호, 시행령 제10조 제8호 가목).

위 산업안전보건법상 적격 수급인 선정 의무와 비교할 때, 평가의 기준 및 빈도 등 항목이 보다 구체적으로 규정돼 있습니다. 하지만 여전히 평가

적격 수급 업체 선정 평가표

사업자명

구분	배점	득점
합계	100	
A. 안전보건관리체제	20	
B. 실행 수준	40	
C. 운영관리	20	
D. 재해 발생 수준	20	

평가 항목 및 기준

평가 항목	평가 기준	배점	득점
A. 안전보건관리체제	소계	20	
1. 일반 원칙	원청과 하청 사업주의 안전보건 방침 부합 여부	5	
2. 계획 수립	원청의 산업재해예방 활동에 대한 하청의 이행 계획 부합 여부	10	
3. 구조 및 책임	이행 계획 추진을 위한 구성원의 역할 분담(본사, 현장)	5	
B. 실행 수준	소계	40	
4. 위험성평가	도급 작업의 위험성평가 결과에 대한 이해 수준 및 자체·유해 위험 요인 평가 수준	5	
5. 안전점검	안전점검 및 모니터링(보호구 착용 확인 포함)	10	
6. 이행 확인	안전조치 이해 여부 확인(원청의 지도 조언에 대한 이행 포함)	10	
7. 교육 및 기록	안전보건교육 계획 및 기록 관리	5	
8. 안전작업 허가	유해·위험작업에 대한 안전작업 허가 이행 수준	10	
C. 운영관리	소계	20	
9. 신호 및 연락체계	원청·하청 간 신호체계, 연락체계	10	
10. 위험물질 및 설비	유해·위험 물질 및 취급 기계·기구 및 설비의 안전성 확인	5	
11. 비상대책	비상시 대피 및 피해 최소화 대책(고용부, 소방서, 병원 포함)	5	
D. 재해 발생 수준	소계	20	
12. 산업재해 현황	최근 3년간 산업재해 발생 현황	20	

자료: 고용노동부 및 안전보건공단 도급 사업 매뉴얼

> 도급인은 적정한 산재 예방 조치 능력을 갖춘 수급인에게 도급할 필요가 있다. 적격 수급 업체 평가 기준과 관련해서는 각 사업장의 특성·규모·업무 내용 등 구체적 사정을 고려해 사업장의 실정에 맞게 항목을 구성해야 한다.

수급인

도급계약에서 일의 완성을 약정하는 측의 당사자다. 수급인은 정해진 시기와 방법에 따라 일을 완성할 의무를 부담하며, 물건의 제작이나 수리 등을 도급하는 경우 그 목적물을 인도할 의무를 진다.

기준이나 개별 항목이 명확하지 않아 관련 지침을 확인해 의무이행 방안을 수립해야 합니다.

중대재해처벌법에도 수급인의 평가 관련 의무를 위반한 행위만을 직접 제재하는 규정은 없지만, 해당 의무를 위반해 중대산업재해 또는 중대시민재해가 발생할 경우 사업주 또는 경영책임자를 처벌하도록 하는 규정을 두고 있습니다.

경영책임자등은 현재까지 나와 있는 지침 등을 참조해 선제적으로 의무를 이행해야 합니다.

또한 도급사업 안전보건관리 매뉴얼에 따라 각 사업장의 특성·규모·업무 내용 등 구체적 사정을 고려해 사업장의 실정에 맞게 항목을 구성한 뒤 수급인에 대한 평가 기준을 마련하는 것이 좋습니다.

쇼핑몰에서 점포를 임대하는 경우 안전관리는 어떻게 해야 하나요

19

2020년 1월 16일 전부개정 이후 산업안전보건법에 따라 도급인의 사업장에서 관계수급인 근로자가 작업을 하는 경우 도급인은 산업재해 예방을 위해 필요한 안전조치 및 보건조치를 포함한 의무를 다해야 합니다(산업안전보건법 제62조, 제66조). 이때 '도급'은 명칭에 관계없이 물건의 제조·건설·수리 또는 서비스의 제공, 그 밖의 업무를 타인에게 맡기는 계약을 말합니다(산업안전보건법 제2조 제6호).

다만 '임대'의 경우 개정 산업안전보건

⊕ 용어 설명
매장임차인

대규모유통업자(1년 소매업종 매출액 1천억원 이상인자 또는 매장면적 합계 3천제곱미터 이상인 점포를 소매업에 사용하는 자)로부터 매장의 일부를 임차하여 소비자가 사용하는 상품의 판매에 사용하고 그 대가를 대규모유통업자에게 지급하는 형태의 거래를 하는자(대규모유통업법 제2조)

법 및 중대재해처벌법 입법 과정에서 임대를 도급의 범위에 포함하자는 의견은 있었지만 최종적으로 제외된 점을 고려했을 때, 특별한 경우가 아니라면 도급에서 제외될 것입니다. 그럼에도 계약 형태에 따라 단순 임대에 그치지 않고 임대인이 자신의 판매 업무 또는 임대 목적물의 관리 자체를 위탁하는 관계에 있을 경우 도급으로 평가될 가능성이 있습니다.

도급인의 안전관리 대상인 '도급인의 사업장' 범위에는 도급인의 사업장 밖

제64조(도급에 따른 산업재해 예방조치)

❶ 도급인은 관계수급인 근로자가 도급인의 사업장에서 작업을 하는 경우 다음 각 호의 사항을 이행하여야 한다. (개정 2021. 5. 18.)
1. 도급인과 수급인을 구성원으로 하는 안전 및 보건에 관한 협의체의 구성 및 운영
2. 작업장 순회점검
3. 관계수급인이 근로자에게 하는 제29조제1항부터 제3항까지의 규정에 따른 안전보건교육을 위한 장소 및 자료의 제공 등 지원
4. 관계수급인이 근로자에게 하는 제29조제3항에 따른 안전보건교육의 실시 확인
5. 다음 각 목의 어느 하나의 경우에 대비한 경보체계 운영과 대피방법 등 훈련
   가. 작업 장소에서 발파작업을 하는 경우
   나. 작업 장소에서 화재·폭발, 토사·구축물 등의 붕괴 또는 지진 등이 발생한 경우
6. 위생시설 등 고용노동부령으로 정하는 시설의 설치 등을 위하여 필요한 장소의 제공 또는 도급인이 설치한 위생시설 이용의 협조
7. 같은 장소에서 이루어지는 도급인과 관계수급인 등의 작업에 있어서 관계수급인 등의 작업시기·내용, 안전조치 및 보건조치 등의 확인
8. 제7호에 따른 확인 결과 관계수급인 등의 작업 혼재로 인하여 화재·폭발 등 대통령령으로 정하는 위험이 발생할 우려가 있는 경우 관계수급인 등의 작업시기·내용 등의 조정

❷ 제1항에 따른 도급인은 고용노동부령으로 정하는 바에 따라 자신의 근로자 및 관계수급인 근로자와 함께 정기적으로 또는 수시로 작업장의 안전 및 보건에 관한 점검을 하여야 한다.

❸ 제1항에 따른 안전 및 보건에 관한 협의체 구성 및 운영, 작업장 순회점검, 안전보건교육 지원, 그 밖에 필요한 사항은 고용노동부령으로 정한다.

이더라도 '도급인이 제공하거나 지정한 경우로서 도급인이 지배·관리하는 장소가 포함됩니다(산업안전보건법 제10조). 또한 중대재해처벌법 제5조는 도급, 용역, 위탁 등 관계에서 사업주나 법인 또는 기관이 그 시설, 장비, 장소 등에 대해 실질적으로 지배·운영·관리하는 책임이 있는 경우 중대재해처벌법상 안전 및 보건 확보의무를 다할 것을 규정하고 있습니다.

이와 관련해 고용노동부는 지배·관리(또는 실질적으로 지배·운영·관리)에 대한 해석 기준을 제시한 바 있습니다. "해당 장소의 유해·위험 요인을 인지하고 파악해 이를 관리·개선하는 등 통제할 수 있음을 의미한다"는 것입니다(개정 산업안전보건법 시행에 따른 도급시 산업재해예방 운영지침, 중대재해처벌법 시행령 제정안 주요 내용 설명 자료, 2021년 7월).

위 법령 내용에 따라 쇼핑몰 임대–임차 관계를 살펴보면 ① 임대인과 임차인 간 계약 관계가 산업안전보건법상 도급에 해당하고 ② 임차인의 사업장이 임대인이 실질적으로 지배·관리하는 사업장에 해당한다면, 임대인은 도급인으로서 임차인 매장에 대해 안전관리를 할 필요가 있습니다. 반대로 ① ② 요건 중 하나라도 충족되지 않는다면, 임대인은 임차인의 점포에 대해 도급인의 안전 및 보건 확보의무를 이행할 필요는 없을 것입니다.

① ② 요건이 충족되는지는 쇼핑몰 점포의 계약 관계, 운영 형태, 임대인의 유해·위험 요인의 관리 가능성 등 상황에 따라 다르므로 이를 종합적으로 살펴봐야 합니다.

쇼핑몰에서 매장을 임대하는 것이 도급·용역·위탁에 해당하고, 임대인이 점포를 실질적으로 지배·관리한다면, 임대인은 점포에 대해 산업안전보건법상 도급인의 의무 및 중대재해처벌법상의 안전 보건 확보의무를 다해야 합니다.

만약 위 요건이 충족되지 않는다면 임대인은 임대인으로서 통상적 주의의무 정도를 다하는 것으로 충분합니다. 다만 임대인 관리 부분의 문제로 사고가 발생한 경우 이에 대한 책임을 질 가능성이 있습니다. 따라서 임차인 관리 부분이라 해도 임대인에게 책임이 발생할 소지가 있는 사항(전기, 가스, 임차인과의 공유 부분 사이의 벽·천장 등 시설물 안전관리)에 대해 별도의 관리 방안을 마련해 안전관리를 해야 합니다.

또한 점포 외에 전체 건물에 대한 용역(시설관리, 주차, 환경 등)을 줬을 경우에도 임대인이 도급인의 의무를 다해야 합니다. 그러므로 이러한 용역과 중첩되는 업무 내용도 별도의 임차인 관리 방안에 포함할 필요가 있습니다.

SECTION 3 Question

중대재해가 발생하면 건설공사 발주자도 책임을 지나요

20

건설공사는 주로 재무적 투자자로서 건설공사를 주문하는 발주자와 건설 비전문가인 발주자를 보조하는 설계자, 건설사업관리기술자, 발주자의 주문을 받아 전체적인 시공 업무를 수행하는 건설 회사(시공사) 및 시공사로부터 구체적인 작업을 나눠 받아 수행하는 수급인 등으로 구성됩니다. 국내 건설공사 현장의 안전보건관리에 대한 의무와 책임은 이 가운데 시공사에 집중돼 있어 시공자 중심의 안전관리체계를 구축하고 있습니다.

➕ 용어 설명

건설공사 발주자
산업안전보건법상 '건설공사 발주자'란 '건설공사를 도급하는 자로서 건설공사의 시공을 주도해 총괄·관리하지 않는 자'를 말하며, 도급받은 건설공사를 다시 도급하는 자는 제외한다.

도급인
물건의 제조·건설·수리 또는 서비스의 제공, 그 밖의 업무를 도급하는 사업주를 말한다. 다만 건설공사 발주자는 제외한다.

그동안은 안전관리 주체로 인식되지 않았던 발주자에 대한 사회적 인식이 바뀌고 있습니다. 집을 지어달라고 주문하는 발주자가 사실은 재무적 투자자로서 건설공사에 실질적 영향을 미치는 최상위 의사결정권자라는 인식이 확산한 것입니다. 영국, 유럽연합(EU), 미국 등에서는 발주자의 책임 등을 제도화하고 있습니다.
국내에서도 정부 주도로 여러 연구를 진행했는데, 발주자 주도의 안전보건관리체계를 구성하는 것이 현행 체계

보나 건설공사 산재 예방에 효과적이라는 분석이 있었습니다. 이러한 사정을 고려해 우리나라에서도 산업안전보건법을 개정함으로써 '건설공사 발주자'라는 개념을 신설하고 건설 현장의 안전보건관리 참여 주체에 발주자를 포함하도록 했습니다.

다만 건설공사의 시공은 건설 회사가 전문 자격 등록을 마치고 시행하는 전문 영역이라고 할 수 있습니다. 단지 어떠한 건물을 지어달라고 요구한 발주자가 이들의 시공에 개입해 전체적인 통제를 가해야 한다고 보는 것은 오히려 시공상 안전을 저해할 우려가 있습니다.

따라서 산업안전보건법은 시공사와 발주자를 각각 수급인과 건설공사발주자라는 개념으로 구분합니다. 건설공사 발주자에게는 중대재해 자체에 관한 의무와 책임을 부여하는 대신 안전보건조정자를 선임하거나 안전보건대장을 작성하도록 하는 등 간접적 의무를 부여하고 있습니다.

이러한 취지는 중대재해처벌법에도 반영돼 있습니다. 중대재해처벌법은 기본적으로 실질적으로 지배·관리·운영하는 사업 또는 사업장에 관한 책임을 묻고 있습니다. 이러한 '실질적 지배·관리·운영'은 앞서 산업안전보건법이 도급인의 책임 범위에 대한 개념을 정의하는 데 사용하는 서술입니다. 건설공사 발주자는 도급인인 시공사와 구분되므로 일반적으로는 건설공사 현장을 실질적으로 지배·운영·관리하는 주체라고 보기 어렵고, 단순한 주문자에 해당합니다. 즉 건설공사 발

> "건설공사 발주자는 산업안전보건법을 따르든, 중대재해처벌법을 따르든 원칙적으로 중대재해에 관한 사고 책임을 부담하지 않도록 규정한다."

2021년 시공 능력 상위 100대 건설사 사망사고 발생 현황

단위: 명

1분기	2분기	3분기	전체
14	20	12	46

자료: 국토교통부 ※상위100대 건설사(하도급사 포함)

주자는 산업안전보건법을 따르든, 중대재해처벌법을 따르든 원칙적으로 중대재해에 관한 사고책임을 부담하지 않도록 규정돼 있습니다.

한편 이러한 '실질적 지배·관리·운영'이나 '시공의 주도, 총괄 및 관리' 등의 개념은 고정된 것이 아닙니다. 인정되는 사실관계에 따라 달라지는 유동적 개념입니다. 가령 건설공사를 발주한 회사가 사실상 시공사에 준하는 수준 또는 그 이상의 전문성을 갖추고 사실상 공사 전반을 주도·감독하는 회사인 경우가 대표적입니다. 이런 회사가 현장에 구체적으로 개입하기 시작하면 위와 같은 개념이 흔들릴 수 있습니다.

고용노동부 중대재해처벌법 해설서가 "건설공사발주자는 건설공사 기간 동안 해당 공사 또는 시설·장비·장소 등에 대하여 실질적으로 지배·운영·관리하였다고 볼 만한 사정이 없는 한 해당 건설공사 현장의 종사자에 대하여 도급인으로서 책임을 부담하지 않는 경우가 일반적"이라고 설명한 것도 같은 맥락으로 이해됩니다.

여기 건설공사를 발주한 회사와 시공사 간 누가 무엇을 주도하는 것이 타당할지 고민이 발생합니다. 앞으로의 수사는 결국 누가 현장의 안전보건관리를 책임지는 것이 타당한지 등 당위적 측면도 반영될 여지가 높습니다. 건설공사 발주자라고 하더라도 상호 전문성을 발휘할 수 있는 분야에 대해 적극적으로 협력함으로써 최선의 안전보건 수준을 이끌어내는 것이 중요합니다.

SECTION 3 Question

수영장에서 사고가 나면 수영장 운영자가 책임 지나요

21

수영장 내 사고는 어린이가 물에 빠져 발생하는 사고, 깊은 수심으로 인한 사고, 수영 미숙으로 인한 사고, 심장마비나 근육 경련 등으로 인해 발생하는 사고, 수영장 배수구에 빨려 들어가는 사고, 다이빙 시 수영장 바닥에 머리를 부딪치는 사고 등이 있습니다. 최근에도 어린이가 호텔 수영장에서 물에 빠진 채 방치돼 사망한 사고와 물놀이 카페 내 수영장 배수구에 손이 빨려 들어가 사망한 안타까운 사고가 보도된 바 있습니다. 수영장에서 재해가 발생하면 수영장 운영자가 안전관리상의 일반적 민형사상 책임을 질 수 있습니다. 수영장의 규모 및 용도에 따라 중대재해처벌법에 근거해 형사처벌까지 받을 가능성도 존재합니다.

즉 수영장 내 사고가 운영자의 관리상 소홀로 발생한 경우 수영장 운영자는 민법상의 손해배상의무를 부담할 뿐 아니라 형법상의 업무상과실치사상죄, 체육시설의 설치·이용에 관한 법률 안전·위생 기준 위반상 처벌받습니다. 예를 들어 필요한 안전요원 수를 충족하

> **＋ 용어 설명**
>
> **체육시설의 안전·위생 기준**
>
> 체육시설업자는 이용자가 체육시설을 안전하고 쾌적하게 이용할 수 있도록 안전관리요원 배치, 수질 관리 및 보호장구의 구비(구비) 등 문화체육관광부령으로 정하는 안전·위생 기준을 지켜야 한다(체육시설의 설치·이용에 관한 법률 제24조).

지 못했다거나, 적절한 주의 표지를 설치하지 않았다거나, 필요한 안전 장비를 구비하지 않은 점 등이 관리상 소홀로 인정된 바 있습니다.

대법원은 하나의 수영장에 성인용 구역과 어린이용 구역을 같이 설치하고, 수영장 벽면에 수심 표시를 제대로 하지 않는 등 수영장에 설치·보존상의 하자가 있다는 이유로 수영장 운영자의 민사상 손해배상책임을 인정한 바 있습니다(대법원 2019년 11월 28일. 선고 2017다14895 판결).

특히 대법원 판결은 민사상 불법행위 책임과 관련해 "사고 방지를 위한 사전 조치를 하는 데 드는 비용(B)과 사고가 발생할 확률(P) 및 사고가 발생할 경우 피해 정도(L)를 살펴, 'B<P×L'인 경우에는 공작물의 위험성에 비해 사회 통념상 요구되는 위험 방지 조치를 다하지 않은 것으로 보아 공작물의 점유자에게 불법행위 책임을 인정하는 접근 방식도 고려할 수 있다"라는 핸드 룰(Hand Rule)을 제시했다는 점에서 주목받았습니다.

그렇다면 수영장 내 사고가 중대재해처벌법상 중대재해에도 해당할까요. 이 질문은 수영장이 중대재해처벌법상 공중이용시설에 해당하는지와 연결됩니다. 중대재해처벌법은 사업주나 법인 또는 기관이 실질적으로 지배·운영·관리하는 공중이용시설에 대해 안전보건확보의무를 부여하고 있기 때문입니다(제9조).

이와 관련해 중대재해처벌법은 수영장과 같은 체육시설의 경우 관람석 수 1,000석 이상인 실내 체육시설에 한해

중대재해처벌법은 사업주나 법인 또는 기관이 실질적으로 지배·운영·관리하는 공중이용시설에 대해 안전 및 보건 확보의무를 부여한다.

2,000m²

「건축법」 제2조 제2항에 따라 구분한 용도 중 둘 이상의 용도에 사용하는 건축물로, 연면적 2,000㎡ 이상인 경우 공중이용시설로 규정하므로 중대재해처벌법이 적용될 가능성이 있다.

핸드룰(Hand Rule)
'사고 예방조치에 드는 비용(B)'이 '사고 발생 확률(P)'과 '사고 시 피해 정도(L)'를 곱한 값보다 적다면 사고 예방조치를 강화할 의무가 있고, 이 의무를 이행하지 않으면 손해배상책임을 져야 한다.

공중이용시설로 포함하고 있습니다(중대재해처벌법 시행령 별표 2 제19호). 관람석 수를 기준으로 공중이용시설 해당 여부를 구분한 이유는 다수 인원이 있는 장소에서 발생하는 재해를 예방하는 것을 목적으로 하고 있기 때문입니다. 따라서 관람석이 없거나 적은 일반 공중 수영장은 중대시민재해의 규율 대상에서 벗어난다고 볼 수 있습니다.

다만 위 시행령 별표 2 제17호는 "「건축법」 제2조 제2항에 따라 구분된 용도 중 둘 이상의 용도에 사용되는 건축물로서 연면적 2,000㎡ 이상인 것"을 공중이용시설로 규정하고 있습니다. 즉 건물이 수영장뿐 아니라 다른 용도로도 사용되면서 그 면적이 2,000㎡ 이상이라면 중대재해처벌법이 적용될 가능성이 있다는 얘기입니다. 이러한 형태의 건물은 보다 각별한 안전관리가 필요합니다.

또한 수영장의 규모나 용도에 따라 중대재해처벌법상 공중이용시설에 해당하는 경우, 해당 수영장의 사업주 또는 경영책임자등은 안전보건관리체계의 구축·이행, 재해 발생 시 재발 방지 관련 조치, 중앙행정기관 등의 개선·시정 명령 사항의 이행, 안전보건 관련 법령에 따른 의무이행에 필요한 관리상 조치를 취해야 합니다. 이처럼 수영장의 안전관리와 관련해서는 주로 체육시설의 설치·이용에 관한 법률에 따른 안전관리요원 배치, 감시탑 설치, 미끄러지지 않는 바닥 자재 사용 등의 의무를 지켰는지, 그 외 응급상황 시 대응체계 등을 구비했는지 등이 문제가 될 것으로 예상됩니다.

위에서 설명한 내용은 중대시민재해와 관련된 내용이었고, 이와 별도로 중대재해처벌법상의 중대산업재해에 대한 규정 역시 수영장 운영자에게 적용할 수 있습니다. 중대재해처벌법상 중대산업재해는 사업주 및 수급인의 종사자까지 보호대상으로 하고 있으므로, 수영장 내 사고가 수영장 직원이나 협력 업체 직원이 업무를 수행하는 과정에서 사고가 발생한 경우 중대산업재해에 해당할 수 있습니다.

SECTION 3 *Question*

신규 점포 인테리어 공사 중 화재 폭발 사고가 나면 점주가 처벌받나요

중대재해처벌법은 중대재해를 중대산업재해와 중대시민재해로 구분됩니다. 중대산업재해는 산업재해 중 중대한 결과를 야기한 재해를 말하고, 중대시민재해는 특정 원료 또는 제조물, 공중이용시설 혹은 공중교통수단의 결함과 관련해 중대한 결과를 야기한 재해를 의미합니다.

이러한 정의에 따르면 점포 인테리어 공사 중 화재 또는 폭발로 인해 해당 점포의 종사자가 사망하거나 부상당한 경우는 중대산업재해에 해당할 수

➕ 용어 설명

공중이용시설

중대재해처벌법 및 시행령에서 정하는 종류, 규모, 면적 기준을 만족시키는 실내공기질법상 다중이용시설, 시설물안전법상 시설물, 다중이용업소법상 다중이용업소, 기타시설 등 시설

있습니다. 만약 사고 피해자가 점포 종사자가 아니라 시설 이용자 또는 일반 시민이라면 중대시민재해에 해당하겠지요. 중대산업재해와 중대시민재해 모두 점주에게 안전 및 보건 확보의무 위반이 인정될 경우 중대재해처벌법에 따른 처벌을 받을 가능성이 큽니다.

중대시민재해에 해당하려면 해당 점포가 중대재해처벌법 대상인 공중이용시설 등에 해당해야 합니다. 이때 공중이용시설의 의미와 관련해서는

중대재해처벌법 시행령 제3조, 별표 2, 별표 3 등 규정에서 대상이 되는 시설을 상세히 기술하고 있습니다.

여기에는 「실내공기질 관리법」상 다중이용시설, 「시설물의 안전 및 유지관리에 관한 특별법」상의 시설물, 바닥 면적의 합계가 1,000㎡ 이상인 「다중이용업소의 안전관리에 관한 특별법」상 영업장, 기타시설 등이 포함돼 있습니다. 점포의 종류나 면적에 따라 적용 범위가 다르겠지만 여객시설 대합실, 의료기관, 실내공연장, 다중이용업소 등 대상이 광범위하게 규정돼 있어 점포별로 해당 여부를 사전에 파악할 필요가 있습니다.

그런데 인테리어 공사 시 점주 또는 근로자가 공사를 직접 실시하기보다 공사를 도급·위탁해 전문 업체에서 공사를 하는 경우가 많습니다. 그렇다면 점포 주인이 공사를 도급·위탁한 상황에서 중대재해가 발생할 때에도 책임을 져야 할까요.

중대재해처벌법은 사업주 등이 공사를 다른 사람에게 도급·위탁한 경우라고 하더라도 그 시설·장비·장소 등에 대해 실질적으로 지배·운영·관리하는 책임이 있다면 안전 및 보건 확보의무가 있는 것으로 규정하고 있습니다. 이와 관련해 고용노동부는 지배·운영·관리란 "해당 장소의 유해·위험 요인을 인지하고 파악해 이를 관리·개선하는 등 통제할 수 있음을 의미한다"라고 해석하고 있습니다. 사업장 밖 안전시설이나 주요 설비도 수급인이 임의로 설치·해체 및 변경할 수 없거나, 도급인과 협의해야 가능한 경우 도급인의 지배·관리 범주에 속하는 것으로 볼 수 있다는 예도 제시한 바 있습니다.

고용노동부의 이러한 해석을 고려하더라도 여전히 지배·운영·관리 여부와 관련해 명확한 기준이 존재한다고 보기는 어렵습니다. 실제로 점주의 장비 제공 여부, 시설 현황 등 점포의 구체적 상황에 따라 지배·운영·관리 여부가 개별적으로 판단될 것으로 보입니다. 따라서 점주가 공사를 도급·위탁한 경우에도 공사에 대한 개입 정도에 따라 재해에 따른 처벌 가능성이 발생할 수 있다고 보는 것이 타당합니다.

한편 중대재해처벌법상 요건에 해당하지 않아 점주가 중대재해처벌법에 따른 책임을 지지 않는다고 하더라도, 중대재해 발생 시 점주에 대한 형사처벌 가능성 자체가 사라지는 것은 아닙니다. 중대재해처벌법 시행 전에도 점주에게 안전과 관련한 법률상 의무 및 업무상 주의의무 위반 사항이 있을 경우 형법 및 소방 관계 법령 등 개별법에 따른 처벌이 이뤄졌기 때문입니다.

중대재해처벌법 시행 이후에도 여전히 이에 따른 처벌 가능성이 존재합니다. 구체적으로 살펴보면 형법상 업무상과실치사상죄(형법 제268조, 보일러·고압가스 기타 폭발성 물건의 파열이 문제가 될 경우) 업무상과실폭발성물건파열죄(형법 제173조의2) 등이 적용될 가능성이 있습니다.

또한 소방 관계 법령(다중이용업소의 안전관리에 관한 특별법, 화재 예방, 소방시설 설치·유지 및 안전관리에 관한 법률, 위험물안전관리법 등)이나 가스 관계 법령(고압가스안전관리법 등) 등의 개별 법규 위반이 확인될 경우 해당 법령에 따른 처벌을 받을 수도 있습니다.

산업안전보건법상 안전보건조치 위반이 인정된다면 산업안전보건법상 책임도 질 수 있습니다. 따라서 점주는 인테리어 공사 전에 관련 법령상 의무 이행이 충분히 돼 있는지 점검해볼 필요가 있습니다. 특히 점주가 인지 가능한 천장 붕괴, 감전 위험 등 점포 내 위험 요소가 있었다면 이를 공사업자에게 고지해야 합니다.

> **❝ 점주가 공사를 도급·위탁한 경우에도 공사에 대한 개입 정도에 따라 인테리어 공사 시 재해 발생에 따른 처벌 가능성이 발생할 수 있다. ❞**
>
> **1.2m**
>
> 이동식 사다리 안전 작업 지침에 따라 모든 이동식사다리 작업은 반드시 안전모를 착용해야 한다. 그리고 사다리 높이 1.2m 이상 작업에는 2인 1조 작업이 요구된다. 2020년, 서울 서초구 소재 상가 리모델링 공사 현장에서 안전모를 착용하지 않고 A형 사다리 위에 올라 도장 작업을 하던 작업자가 사다리와 함께 넘어져 사망하기도 했다.

SECTION 3 Question

사업장에서 중대재해가 발생하면 어디서 수사를 받나요

사업장에서 작업 중이던 근로자에게 중대재해가 발생한 경우 경영책임자나 작업 관련 담당자등은 산업안전보건법이나 중대재해처벌법 등의 위반 혐의에 대해 수사기관의 조사나 수사(체포, 압수 수색 등 강제수사 포함)를 받을 수 있습니다. 사업장에서 산업재해가 발생한 경우 받을 수 있는 조사·수사와 관련해 기존 산업안전보건법하에서의 수사 과정과 중대재해처벌법 시행 이후 예상되는 수사에 대해 살펴보겠습니다.

➕ 용어 설명
근로감독관

근로감독관은 근로기준법에서 정한 근로조건의 실시 여부에 대한 감독 업무를 담당하는 공무원으로, 노동 관계 법령을 위반한 범죄에 대해서는 형사소송법 규정에 의거해 특별사법경찰관의 직무를 수행할 수 있다.

기존 산업안전보건법하에서 근로감독관은 중대재해, 근로자의 부상 또는 사업장 인근 지역에 피해를 동반한 중대산업사고, 그 밖에 장관 또는 지방관서장이 필요하다고 인정하는 재해에 대해 재해 발생 원인 등에 대한 조사를 실시합니다.

재해 조사에서는 안전보건 교육일지 등 관련 서류 및 목격자 진술을 바탕으로 재해 발생 원인 등에 대한 조사가 이뤄집니다. 재해 조사 결과 법령 위반 사항이 확인될 경우 근로감독관은 범죄 인지 보고 후 수사에 착수합니다.

수사기관은 통상 참고인 조사, 임의제출, 압수 수색 등으로 산업재해 발생 관련 사실관계를 파악하고 수사에 필요한 자료를 확보합니다.

이후 중요 관련자를 피의자로 선정해 피의자 신문을 진행하고, 구속 등 신병 처리, 기소 절차를 밟게 됩니다. 이 경우 산업안전보건법 위반에 대해서는 고용노동부 산하 특별사법경찰관이 수사를 하는 것과 별개로 일반 경찰도 형법상 업무상과실치사 등의 혐의를 적용해 수사를 진행해왔습니다. 중대재해처벌법은 수사기관에 대해 명확한 규정을 두고 있지 않습니다. 이에 따라 중대재해처벌법위반죄 수사를 어디에서 전담해 실시할지에 관해 활발한 논의가 이뤄지고 있습니다.

크게 ① 산업안전 및 근로감독 분야에 전문성이 있는 근로감독관의 특별사법경찰 업무에 대해 중대재해처벌법 수사를 추가하자는 견해 ② 원칙적으로 중대재해처벌법 사건은 경찰과 고용노동부가 공동 수사하되 수사권 중복이 문제가 될 경우 조정하면 된다는 견해 ③ 중대산업재해에 대한 수사권은 근로감독권에게, 중대시민재해에 대한 수사권은 경찰에 부여해야 한다는 견해 등으로 나뉩니다.

관련 입법 논의를 살펴보면 2021년 11월 기준 중대재해 발생 시 수사권에 관해 두 개의 법률안이 발의돼 있는데, 이수진 의원 등 10인이 발의한 '사법경찰관리의 직무를 수행할 자와 그 직무범위에 관한 법률 일부개정법률안'의 경우 근로감독관이 사법경찰관의 직무를 수행할 수 있는 범죄의 근거법률에 '중대재해처벌법'을 포함시키고 있으며 특별히 중대산업재해와 중대시민재해를 구별하지 않고 있습니다. 반면 박대수 의원 등 10인이 같은 법에 대해 발의한 일부개정법률안의 경우 근로감독관의 사법경찰 직무 범위에 '중대재해처벌법에 규정된 중대산업재해 사업주와 경영책임자등의 처벌 및 양벌규정'을 포함시켜 중대산업재해에 대해서만 근로감독관이 전담 수사권을 행사할 수 있음을 명시하고 있습니다.

이와 관련해 정부는 중대재해처벌법 공포 이후 법 시행을 준비하면서 중대시민재해는 '경찰' 중심으로 수사가 이뤄지고, 중대산업재해는 '근로감독관'이 수사함을 전제로 조직을 개편하고 하위법령을 마련 중에 있다고 밝혔습니다. 전반적인 수사권 분배는 이에 따라 이뤄질 것으로 예상되는 한편, 향후 입법 결과를 모니터링할 필요가 있겠습니다.

중대재해처벌법 시행 이후 중대재해 발생 시 수사 예상

구분	수사 주체	수사 대상
중대산업재해	(본사 관할 고용노동관서의) 근로감독관(특별사법경찰관)	본사 – 참고인, 피의자 조사 등
	(사고 발생 사업장 관할 고용노동관서의) 근로감독관	사고 발생 사업장 – 참고인 조사 등
	검찰(부패·경제사범·공직자·선거·방위사업·대형 참사 사건에 한해 직접 수사 가능)	피의자로 특정된 사업주 및 경영책임자등
	근로감독관	본사 및 사고 다발 사업장에 대한 기획감독, 특별감독 등
중대시민재해	경찰	본사, 사고 발생 사업장 등 / 단, 검찰의 직접 수사권
	검찰(부패·경제사범·공직자·선거·방위사업·대형 참사 사건에 한해 직접 수사 가능)	

33%
산업안전보건법 위반

고용노동부가 3대 안전조치 불량 사업장 등으로 선정된 공사 금액 50억원 미만의 건설 현장과 근로자 50인 미만의 제조업체 등 2,665개소를 대상으로 집중 단속을 실시한 결과, 882개소에서 산업안전보건법 위반 사항이 적발됐다. 이 중 611개소는 안전보건관리 책임자를 입건하고, 현재 구체적 위반 경위를 수사하는 등 사법 처리 절차에 들어갔다.

업무상과실치사상

과실치상이나 과실치사죄는 과실로 인해 사람의 신체를 상하게 하거나 사망에 이르게 함으로써 성립하는 범죄를 말한다. 업무상과실이란 일정한 업무 종사자가 당해 업무의 성질상 또는 그 업무상의 지위 때문에 특별히 요구되는 주의의무를 태만히 함으로써 결과 발생을 예견하거나 회피하지 못한 경우에 해당한다. 보통 과실에 비해 불법 및 책임이 가중되므로 중하게 처벌된다.

회사 사정이 어려운데 안전보건 관련 예산편성은 어떻게 하나요

산업재해를 예방하기 위해서는 안전보건에 관한 인력, 시설 및 장비를 충분히 마련하고 유해·위험 요인을 개선해야 합니다. 비용 지출이 수반될 수밖에 없지요. 지금까지는 예산 부족 및 비용 절감 등 명목으로 관련 예산을 삭감하거나 유해·위험 요인의 개선이 없는 상태에서 작업을 진행하는 경우가 종종 있었습니다.

하지만 최근 한 건설사에 대해 실시한 특별점검 결과를 보면 안전보건 예산과 안전사고 사이의 상관관계를 확인

➕ 용어 설명
안전보건관리체계

산업재해를 방지하는 책임은 본래 사업주에게 있지만, 기업이 자주적으로 활동하지 않으면 산업재해를 완전히 없애기는 어렵다. 그 기업의 자주적인 안전보건 활동을 제도적으로 담보하기 위해 법적으로 안전관리체계를 규정한 것이다.

할 수 있습니다. 해당 건설사의 지난 3년간(2018~2020년) 안전보건 예산 편성액은 15억원에서 9억7,000만원, 6억9,000만원으로 감소했습니다. 예산 집행금액 역시 14억원에서 9억7,000만원, 5억3,000만원으로 지속적으로 줄었습니다.

같은 기간 동안 사망자 수는 3명에서 7~8명으로 증가세를 보였습니다. 안전보건 예산 감액이 안전사고로 이어진다는 점을 짐작할 수 있는 사례입니다.

중대재해처벌법은 안전보건 예산의 중요성에 대한 인식이 부족해 기업들이 임의로 관련 예산을 감축하거나 적게 배정했던 폐단을 개선하고, 안전관리 비용이 경영에 필수불가결하다는 인식을 제고하기 위해 안전보건 예산 편성 및 집행에 대한 규정을 두고 있습니다.

경영책임자등은 ① 재해 예방을 위해 필요한 안전보건에 관한 인력, 시설 및 장비를 구비하고 ② 유해·위험 요인을 개선하며 ③ 그 밖에 고용노동부장관이 안전보건관리체계 구축을 위해 필요하다고 인정한 사항을 이행하는 데 필요한 예산을 편성하고, 용도에 맞게 집행해야 합니다. 이는 '적정한 예산'을 마련할 것을 요구했던 시행령 제정안을 보다 구체화한 것입니다.

경영책임자등은 매년 안전 및 보건에 관한 인력, 시설 및 장비 등을 갖추기에 적정한 예산을 편성하는 것은 물론 용도에 따라 집행하고 관리하는 체계를 마련해야 합니다. 또한 안전보건관리책임자등의 충실한 업무 수행을 위해 필요한 예산을 부여해야 합니다.

반기별 1회 이상 안전·보건 관련 법령에 따른 의무를 이행했는지를 점검하고 그 결과를 보고받아야 합니다. 의무 불이행이 있는 경우 인력 충원, 예산 추가 편성 등 필요한 조치를 취해야 하며, 유해하거나 위험한 작업에 대해선 안전 교육 실시를 위한 예산을 확보해야 합니다.

이는 법률상 요구이므로 상시 근로자가 5명 이상으로서 중대재해처벌법의

> 기업마다 고유의 자금 사정, 고용 인력 수, 산업재해 발생 가능성 및 실제 발생 빈도 등 위험성이 다르기 때문에 기업·사업의 규모 및 성격, 산업재해 발생 빈도에 따라 필요한 예산이 달라질 수 있다.

재해 예방을 위한 예산편성
건설업의 경우 산업안전보건법 제72조, 건설업산업안전보건관리비 계상 및 사용기준(고용노동부고시 제2020-63호)에 따른 산업안전보건관리비상 기준이 재해 예방을 위해 필요한 인력 시설 및 장비의 구입에 필요한 예산의 기준이 될 수 있다.

적용을 받는 기업이라면 안전보건 관련 예산을 편성하고 집행하는 절차를 반드시 마련해야 합니다. 단, 상시 근로자가 50명 미만인 경우 3년의 유예기간이 주어집니다.

안전보건관리 예산의 규모와 관련해 매출의 몇 %를 안전보건 예산으로 사용해야 한다는 식의 정량적 기준은 없습니다. 고용노동부 역시 일률적 기준을 제시하고 있지는 않으므로, 이에 대해서는 기업별 특수성이 반영돼야 합니다. 실제로 기업마다 고유의 자금 사정, 고용 인력 수, 산업재해 발생 가능성 및 실제 발생 빈도 등 위험성이 각각 다르기 때문에 어느 정도의 예산이 필요한지는 기업, 사업의 규모 및 성격, 산업재해 발생 빈도에 따라 달라질 수 있습니다.

예산이 적정한지는 단순히 절대적 금액이 많은지, 적은지에 따라 결정되는 것이 아닙니다. 해당 예산은 최소한 산업안전보건법을 포함한 안전·보건 관련 법령에서 요구하는 인력, 시설, 장비를 갖출 수 있고, 나아가 확인된 유해·위험 요인을 제거하는 것이 가능한 수준이어야 합니다.

따라서 각 기업으로서는 현재 사업장에서 안전·보건 관련 법률상 기준이 충족되거나 미충족돼 있는지, 해당 사업장에 어떠한 유해·위험 요인이 있고 이를 제거하기 위해서는 어떠한 조치를 취해야 하는지, 그러한 조치를 취하기 위해서는 어느 정도의 비용이 소요되는지를 사전에 파악할 필요가 있습니다. 확인된 내용에 따라 필요한 예산을 편성하고 집행해야 합니다.

만약 회사의 재정이 심각하게 악화돼 충분한 안전보건 예산을 마련하기 어려운 경우라면 필요한 부분을 우선적으로 고려해 부문별 예산을 편성하고, 안전교육 및 점검과 같이 비용적 부담이 없는 방법의 안전관리를 보다 철저히 하는 것이 바람직합니다.

SECTION 3 Question

사무직 근로자만 있는 회사도 중대재해처벌법을 적용받나요

결론적으로 사무직 근로자만 있는 회사도 중대재해처벌법을 적용받습니다. 사무직 근로자라도 넘어짐, 감전, 과로사, 업무와 상당인과관계가 있는 자살 등과 같은 산업재해가 발생할 수 있기 때문입니다.

이러한 산업재해로 인해 사망자가 발생하거나, 동일한 사고로 6개월 이상 치료가 필요한 부상자가 2명 이상 발생하는 경우 이는 중대재해처벌법상 '중대산업재해'에 해당합니다.

또한 회사 사무실은 그 규모에 따라

➕ 용어 설명
사무직 근로자

산업안전보건법 시행규칙 제99조는 사무직 근로자를 "공장 또는 공사현장과 같은 구역에 있지 아니한 사무실에서 서무·인사·경리·판매·설계 등 사무업무에 종사하는 근로자를 말하며, 판매업무 등에 직접 종사하는 근로자는 제외한다"라고 규정하고 있다.

중대재해처벌법상 '공중이용시설'에 해당할 수 있습니다. 예를 들어 사무실 관리를 소홀히 해 화재가 발생하는 경우 사상자가 생길 수 있습니다.

이처럼 공중이용시설인 사무실의 설계·관리상 결함으로 인해 사망자가 발생하거나, 동일한 사고로 2개월 이상 치료가 필요한 부상자가 10명 이상 발생하거나, 동일한 원인으로 3개월 이상 치료가 필요한 부상자가 10명 이상 발생하는 경우 이는 중대재해처벌법상 '중대시민재해'에 해당합니다.

이처럼 사무직만 근무하는 회사에서도 중대재해가 발생할 수 있으므로, 사업주와 경영책임자등은 그러한 중대재해를 예방하기 위한 안전 및 보건 확보의무를 이행해야 합니다.

구체적으로 사업주 또는 경영책임자 등은 재해 예방에 필요한 인력·예산 등 안전보건관리체계를 구축하고 이행할 의무, 재해 발생 시 재발 방지 대책을 수립하고 이행할 의무, 관계 행정청이 개선이나 시정을 명한 사항을 이행할 의무, 기타 안전 및 보건 관련 법령에 따른 의무이행에 필요한 관리상 조치를 취할 의무를 부담합니다.

향후 실제로 중대재해가 발생하는 경우 회사가 안전관리를 어떠한 빈도와 강도로 실시했는지, 이를 위해 예산은 얼마나 투입했고 예산의 적절한 집행을 확인했는지, 관련 인력을 얼마나 배치했고, 필요한 조직이 있는지, 안전 계획을 어떻게 수립했는지, 담당자들이 관련 필수 교육을 이수했는지 등을 종합적으로 고려할 것입니다.

다만 산업안전보건법은 '사무직에 종사하는 근로자만 사용하는 사업장'에 대해 일부 예외를 인정하고 있습니다. 따라서 이 부분에 한해서는 중대산업재해에 대비한 안전 및 보건 확보의무가 면제된다고 볼 수 있습니다.

예를 들어 산업안전보건법에서는 사무직 근로자만 근무하는 사업장에 대해 안전보건관리책임자의 선임 의무 등 여러 의무를 면제해주고 있습니다. 그런데 사무직 근로자의 의미 및 기준이 실무상 문제되는 경우가

> **경영지원 업무를 하는 자는 사무직 근로자에 해당하지만 서비스 개발, UX·UI 디자인 등 직무를 담당하는 자는 사무직 종사자가 아니다.**

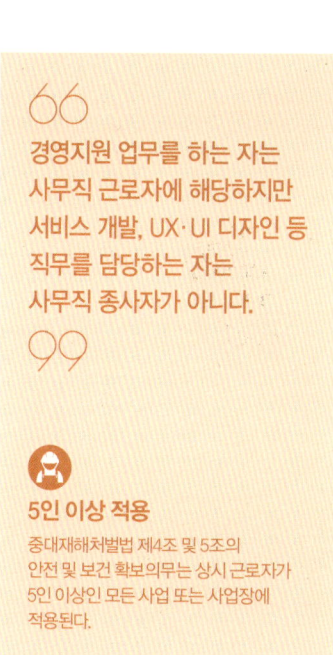

5인 이상 적용
중대재해처벌법 제4조 및 5조의 안전 및 보건 확보의무는 상시 근로자가 5인 이상인 모든 사업 또는 사업장에 적용된다.

2018년 산재 신청 건
138,576건
전년 대비
21.9% ↑

자료: 근로복지공단

많습니다.

사무직 근로자란 사무실에서 컴퓨터와 인쇄물을 이용한 서류 작업을 하는 정신적 근로자를 통칭한 것입니다. 산업안전보건법 시행규칙은 사무직에 종사하는 근로자를 "공장 또는 공사 현장과 동일한 구내에 있지 아니한 사무실에서 서무·인사·경리·판매(판매 업무에 직접 종사하는 자 제외)·설계 등의 사무 업무만 수행하는 근로자를 말한다"라고 규정하고 있습니다.

한편 고용노동부는 근래 들어 사무직 근로자를 직업 분류 등을 고려해 제한적으로 해석하고 있습니다. 고용노동부는 "'경영지원 업무(영업지원, 법무, 재무, 전략기획, 인사총무)를 하는 자'는 사무직 근로자에 해당하지만, 예컨대 서비스 개발, UX·UI 디자인 등 직무를 담당하는 자는 '컴퓨터 시스템 및 소프트웨어 전문가'에 해당하며 사무직 종사자는 아니다"라고 밝힌 바 있습니다.

따라서 소속 근로자들의 근무 내용을 다시 검토해 회사에 산업안전보건법상 사무직 근로자가 어느 정도 비율로 존재하는지를 확인해보는 것이 바람직합니다. 만약 사무직 근로자 해당 여부가 불분명한 경우 관할 고용노동청의 유권해석을 구하거나 전문가의 도움을 받아 대책을 수립해야 합니다.

여의치 않다면 산업안전보건법상 의무면제사업장이 아니라는 점을 전제로 관련 대책을 수립하는 것이 안전합니다.

EPILOGUE

안전보건관리체계 구축 어떻게 할까

: 기업의 안전보건관리에 대한 관심이 고조되고 있습니다.
안전보건관리체계 구축은 어떻게 해야 할까요.

최근 ESG(환경·사회·지배구조)에 대한 사회적 관심이 높아지고 있습니다. 이에 따라 기업의 안전보건관리에 대한 관심도 고조되는 추세입니다. 중대재해처벌법도 이런 흐름을 가속화하고 있습니다.

중대재해처벌법에 따르면 경영책임자 등은 안전보건관리체계를 구축하고 이행해야 합니다. 이를 제대로 구축하지 않거나 이행하지 않아 중대산업재해에 이르게 한 자는 1년 이상 징역 또는 10억원 이하 벌금에 처합니다. 이러한 중대재해처벌법의 제정에 따라 안전보건관리체계를 구축하는 것이 기업의 중대한 법적 의무가 됐습니다.

안전보건관리체계는 기존의 고용노동부 등 외부 점검에 따른 처벌을 회피하기 위한 수동적 대응에서 벗어나 안전하고 쾌적한 작업 환경을 조성하기 위한 적극적 조치라고 할 수 있습니다.

기업마다 사업의 내용과 보유 설비, 공정 및 작업 방법이 다르므로 안전보건관리체계의 구축에 대해 일률적 기준이 있는 것은 아닙니다. 하지만 안전보건관리체계를 구축하는 것은 산업재해를 예방하기 위한 일인 만큼, 사업상 위험 요인을 파악하고 이에 기초해 대응 방안과 사고 발생 시 대응 절차를 마련하기 위한 절차 및 조직 등의 체계를 마련해야 합니다. 안전보건관리체계 구축이란 산업안전보건법상 구체적 의무 기준을 준수할 수 있도록 관리할 수 있는 방안을 마련하는 것이라는 얘기지요. 나아가 안전보건 목표와 경영 방침 수립, 예산 및 조직 확보와 같이 중대재해처벌법상 필요한 추가적 조치도 포함해야 합니다.

만약 반복적 재해에도 이를 감소시키기 위한 사업주의 노력이나 방침 수립이 부족한 경우, 사업장 종사자가 명백한 안전보건 관리상 미비점 개선을 요구했음에도 개선 방안을 마련하지 아니한 경우, 기계·기구·설비, 유해인자 및 재해 유형과 연계한 분석 없이 형식적 체계만 마련한 경우 등은 중대산업재해 발생 시 안전보건관리체계를 구축하는 데 소홀한 것으로 비칠 공산이 큽니다.

회사는 사업의 규모나 기존 안전관리 수준을 고려해 안전보건관리체계를 구축해야 합니다. 회사가 영세하거나 소규모라 대대적 안전보건관리체계를 구축하기 어렵다면 기초적인 안전보건조치부터 시행할 필요가 있습니다. 지난 3년간 산재 사망사고 2,011건의 원인을 분석한 결과 안전시설 미설치, 작업 방법 미준수, 작업 절차 미수립, 보호구 미지급 또는 미착용이 주요 원인으로 나타났습니다. 중소기업에서는 기본적 안전수칙 준수만으로도 대부분의 산재사고를 예방할 수 있습니다. 고용노동부에서 중소규모 사업장에 대한 안전보건관리체계 지원을 위해 현장지원단을 운영 중이므로 지원받는 방안도 검토할 필요가 있습니다. 반면 고도의 공정으로 위험 요인이 많은 기업과 대규모 사업장을 보유하고 있는 기업은 좀 더 상세하고 구체적인 안전보건관리체계를 구축해야 합니다.

특히 최근 산업안전보건법 전면 개정에 따라 주식회사 중 상시 근로자가 500인 이상인 곳 등 규모가 큰 회사의 경우 대표이사가 매년 안전보건계획을 이사회에 보고해 승인을 받아야 합니다.

회사가 이에 해당하는 경우 안전보건계획에 안전보건관리체계의 구축 및 이행에 대한 내용을 담는 것을 권합니다. 사업장에 대해 '안전보건경영시스템' 구축을 체계적으로 관리하기 위한 국제표준인 ISO 45001(OHSMS) 인증을 받는 방식으로 우수한 안전보건관리체계를 구축·이행하는 방안도 고려할 수 있습니다.

고용노동부가 제시한 안전보건관리체계 구축 및 이행

1. 경영자가 '안전보건경영'에 대한 확고한 리더십을 가질 것
2. 모든 구성원이 안전보건에 대한 의견을 자유롭게 제시할 수 있을 것
3. 작업 환경에 내재된 위험 요인을 찾아낼 것
4. 위험 요인을 제거·대체하거나 통제할 수 있는 방안을 마련할 것
5. 급박하게 발생한 위험에 대응할 수 있는 절차를 마련할 것
6. 도급·용역·위탁 관계에 있는 자를 포함해 사업장 내 모든 구성원의 안전보건을 확보할 것
7. 안전보건관리체계를 정기적으로 평가하고 개선할 것

중대재해처벌법상 안전보건관리체계의 구축 및 이행

안전보건에 관한 목표와 경영 방침의 설정	목표와 경영 방침은 사업 특성, 유해·위험 요인, 규모 등을 고려해 구체적이고 적합한 내용을 담고 있어야 한다. 이를 측정하거나 평가하는 작업이 가능해야 하며, 종사자 등 구성원이 안전보건에 대해 공감하고 함께 노력할 수 있어야 한다.
상시 근로자 수가 500명 이상이거나 건설산업기본법상 시공 능력 순위 200위 이내 건설 회사의 경우 안전보건에 관한 업무를 총괄·관리하는 전담 조직 설치	안전보건 전담 조직이란 경영책임자등을 보좌해 안전보건 관련 컨트롤 타워의 기능을 하는 조직을 의미한다. 중대재해처벌법 제4조와 제5조의 의무를 이행할 수 있는 2인 이상의 충분한 인력을 구성해야 하며, 타 업무와 겸임할 수 없다.
유해·위험 요인 확인·점검 및 개선 절차 마련, 이행 상황 점검(반기 1회 이상)	위험 요소를 검토해 위험성이 합리적 수준 이하로 감소할 수 있도록 관리 및 평가하는 절차를 체계적으로 마련해야 한다. 이 과정에는 종사자의 의견을 반영해야 하고 기계·기구·설비, 유해 인자 및 재해 유형과 연계해 이를 파악해야 한다. 단, 산업안전보건법상 위험성평가로 갈음할 수 있다. 그 점검 결과에 따른 실제 개선조치가 이뤄져야 한다.
산업안전보건법상 필요한 안전관리자, 보건관리자 등 전문 인력 배치 및 평가(반기 1회 이상)	사업장을 직접 관리하는 전문 인력을 배치하고 안전보건에 관한 실질적 업무를 수행할 수 있도록 해야 한다. 또한 전문 인력의 평가를 위한 세부 항목을 마련해 이를 기준으로 평가해야 한다.
안전 및 보건에 관한 인력·시설·장비 구입을 위한 적정 예산 편성, 집행 및 관리체계 마련	안전·보건 관련 법령상 의무 내용을 구성하는 필요 인력·시설·장비를 위한 예산뿐 아니라 해당 사업 또는 사업장의 특성에 따라 유해·위험 요인 제거를 위한 예산을 편성해야 한다.
종사자 의견 청취(반기 1회 이상), 개선 방안 마련 및 이행 점검	사내 온라인 시스템, 건의함, 회의, 간담회 등을 통해 종사자가 안전보건에 관한 의견을 개진할 수 있도록 하고 이를 업무에 반영할 것인지 판단하기 위한 절차, 기준 등을 마련해야 한다.
중대산업재해 발생 우려 시 대응 절차 및 중대산업재해 발생 시 대응 절차 마련, 확인 및 점검	실제 중대재해가 발생하는 경우를 대비해 피해를 최소화하기 위한 매뉴얼을 마련하고 이를 종사자 전원에게 공유해야 한다. 해당 매뉴얼에는 근로자 작업 중지권, 사업주(관리감독자)의 작업 중지권, 도급인의 경보·대피에 관한 훈련, 기본적 응급조치 등의 내용이 포함돼야 한다.
도급·용역·위탁 시 산재 예방 조치 능력 및 기술에 대한 평가 기준·절차 마련, 이행 기준 점검	사업의 특성과 규모를 고려해 안전보건 역량이 우수한 수급인이 선정될 수 있도록 하는 절차를 마련하고 안전보건관리비용에 관한 구체적 기준을 설정해야 한다. 업체 선정이 적절한지도 반기 1회 이상 점검해야 한다.

EPILOGUE

안전보건 경영책임자 임명 방법과 효과

: 사업주 또는 경영책임자등은 중대재해를 예방할 의무가 있습니다.
CSO를 선임하면 책임에서 벗어날 수 있을까요.

중대재해처벌법상 책임을 부담하는 자는 '사업주' 또는 '경영책임자등'입니다. 이때 경영책임자등이란 '사업을 대표·총괄하는 책임이 있는 사람 또는 이에 준해 안전·보건에 관한 업무를 담당하는 사람'을 의미합니다.

구체적으로 경영책임자등은 사업 또는 사업장에 대한 안전과 보건에 관한 인프라를 구축함으로써 산업안전보건법 등 안전 및 보건 관련 법령에 따른 안전보건조치가 실효성을 갖도록 해 중대재해를 예방할 의무가 있는 사람입니다. 이때 '사업을 대표·총괄하는 책임이 있는 사람'이란 주로 대표이사 등 대내적으로 사무를 총괄 집행하고 대외적으로 해당 사업을 대표하는 기업의 최고책임자를 의미하는 것이 비교적 명확합니다.

반면 '이에 준해 안전·보건에 관한 업무를 담당하는 사람'이 누구를 의미하는지는 모호한 측면이 있습니다. 고용노동부는 이를 "사업 전반의 안전 및 보건 확보의무 이행에 관해 총괄하는 권한과 책임이 있는 사람으로서 최종적인 의사결정권을 가진 사람을 말한다"라고 설명하고 있습니다.

다시 말해 안전 및 보건에 관한 조직·인력·예산을 비롯해 안전보건관리체계 구축 등에 관해 대표이사 등 최고경영책임자에 준해 전적인 권한과 책임을 갖는 사람이 해당합니다. 이때 안전보건 업무를 전담하는 최고책임자라 하더라도 사업경영 대표자 등으로부터 사업 전반의 안전보건에 관한 조직·인력·예산에 관한 총괄 관리 및 최종 의사결정권을 위임받지 않은 경우에는 경영책임자등에 해당하지 않을 것입니다. 실제로 중대재해가 발생한다면 수사기관은 법인 전체의 조직 구조, 전결 규정 등에 따른 권한과 책임을 고려해 회사 전체 안전보건정책을 포함한 경영 사항 전반의 최고 의사결정자를 경영책임자 등으로 인정할 것입니다.

최근 여러 기업에서 안전보건에 대한 전문성이 없는 대표이사를 대신해 최고안전책임자(CSO, Chief Safety Officer)를 선임하는 방안을 적극적으로 검토하고 있습니다. CSO란 안전보건체계와 관련한 모든 사항을 관리하는 총괄 책임자로, 경영 전문가인 최고경영자(CEO)에 비해 전문적이고 체계적인 안전보건관리를 수행하는 것이 가능한 사람을 의미합니다.

CSO가 경영책임자인지를 판단할 때 그가 등기임원인지 또는 비등기임원인지, 해당 업무를 전담하는지, 다른 직책을 겸직하는지 등은 본질적 요소가 아닙니다. 또한 CSO가 대표이사와 반드시 대등한 지위에 있어야 하는 것도 아니라고 판단됩니다. 하지만 내부 전결 규정상 CSO가 안전보건과 관련한 업무를 총괄하고, 관련 조직·인력·예산에 대해 전적인 권한을 보유해야 할

차순길 법무부 정책기획단장이 2021년 10월 20일 서울 서초구 법무부 의정관에서 중대 안전사고 대응 TF의 활동 경과를 발표한 뒤 중대재해 피해 법률구조 대응 체계 마련과 관련해 브리핑하고 있다.

안전보건관리체계 7가지 핵심 요소

경영자 리더십
- 안전보건에 대한 의지를 밝히고, 목표를 정한다.
- 안전보건에 필요한 자원(인력·시설·장비)을 배정한다.
- 구성원의 권한과 책임을 정하고, 참여를 독려한다.

근로자 참여
- 안전보건관리 전반에 관한 정보를 공개한다.
- 모든 구성원이 참여할 수 있는 절차를 마련한다.
- 자유롭게 의견을 제시할 수 있는 문화를 조성한다.

위험 요인 파악
- 위험 요인에 대한 정보를 수집하고 정리한다.
- 산업재해 및 아차사고를 조사한다.
- 위험 기계, 기구, 설비 등을 파악한다.
- 유해 인자를 파악한다.
- 위험 장소 및 작업 형태별 위험 요인을 파악한다.

위험 요인 제거, 대체 및 통제
- 위험 요인별 위험성을 평가한다.
- 위험 요인별 제거, 대체 및 통제 방안을 검토한다.
- 종합적인 대책을 수립하고 이행한다.
- 교육훈련을 실시한다.

비상조치계획 수립
- 위험 요인을 바탕으로 시나리오를 작성한다.
- 재해 발생 시나리오별 조치계획을 수립한다.
- 조치계획에 따라 주기적으로 훈련한다.

도급·용역·위탁 시 안전보건 확보
- 산업재해 예방 능력을 갖춘 사업주를 선정한다.
- 안전보건관리체계 구축 및 운영 시 사업장 내 모든 구성원이 참여하고 보호받을 수 있도록 한다.

평가 및 개선
- 안전보건 목표를 설정하고 관리한다.
- 안전보건관리체계가 제대로 운영되는지 점검한다.
- 발견된 문제점을 주기적으로 검토하고 개선한다.

것입니다.

그렇다면 CSO 또는 조직 대표자에 준해 안전보건에 관한 업무를 담당하는 사람을 선임하는 경우 조직 대표자는 중대재해처벌법상 책임에서 벗어날 수 있을까요. 고용노동부가 말한 '사업을 대표하고 사업을 총괄하는 권한과 책임이 있는 사람 또는 이에 준해 안전보건에 관한 업무를 담당하는 사람'에서 '또는'은 선택적 관계를 규정한 것이 아닙니다. 따라서 대표이사의 권한을 위임받아 안전보건에 관한 업무를 담당하는 사람이 있더라도 대표이사의 책임이 면책되는 것은 아니며, 실질적으로 중대재해처벌법상 안전 및 보건 확보의무를 이행할 책임이 있는 사람이 누구인지를 개별적으로 판단해 최종 적용할 것이라고 합니다.

즉 CSO를 선임한다고 하더라도 대내외적으로 안전보건 관련 사항을 최종 결정하는 조직 대표자가 따로 있다면, 대표자의 책임이 완전히 면제되지는 않을 것으로 보입니다. 나아가 기업이 CSO를 선임하는 방법으로 경영체계를 변경하는 것이 중대재해처벌법의 적용을 회피하려는 행동으로 해석될 여지도 있습니다. 현재로서는 CSO를 선임하더라도 조직 대표자의 중대재해처벌법상 책임이 완전히 면책되지 않을 가능성이 상당히 높다는 얘기입니다. 아직 중대재해처벌법이 시행되기 전인 만큼 현시점에서는 CSO를 선임하더라도 실질적 경영을 담당하는 조직 대표자가 함께 책임을 부담할 수 있다는 전제하에 중대재해처벌법상 의무사항을 이행하는 것이 가장 안전하다고 볼 수 있습니다.

EPILOGUE

중대재해처벌법에 따른 손해배상 금액의 기준은 어떻게 되나

: 중대재해처벌법은 최초 발의 때 징벌적 손해배상 한도가 '5배 이상'에서 '5배 이내'로 완화됐습니다. 그럼에도 일반적인 징벌적 손해배상 규정인 3배보다 여전히 과도하다는 목소리도 나옵니다.

징벌적 손해배상제도는 2011년 6월 하도급법에서 최초로 도입한 이래 현재 공정거래, 개인정보보호, 노동관계법률 등에서 피해자를 실효적으로 보호하고 가해자에게 좀 더 강한 제재를 가하고자 도입했습니다. 중대재해처벌법에서도 기업으로 하여금 안전 및 보건 확보의무를 게을리한 경우, 막대한 손해배상으로 인해 도산할 수 있다는 경각심을 심어주기 위해 징벌적 손해배상제도를 도입했습니다. 기업들이 안전사고 예방과 재발 방지 대책 수립을 위해 적정 예산을 투입하도록 유도하는 것입니다.

경영책임자등이 고의 또는 중대한 과실로 중대재해처벌법에서 정한 안전 및 보건 확보의무를 위반해 중대재해가 발생했다면 해당 사업주, 법인 또는 기관은 징벌적 손해배상책임을 지게 됩니다. 배상액은 손해액의 5배를 넘지 않는 범위에서 결정됩니다. 이는 최대 3배의 손해배상책임을 인정하는 다른 법률의 징벌적 손해배상제도에 비해 다소 무거운 책임입니다.

중대재해처벌법의 징벌적 손해배상제도에서 손해배상의무를 부담하는 주체는 경영책임자등이 아닌 해당 '법인 또는 기관'입니다. 중대재해처벌법상 안전 및 보건 확보의무를 지켜야 하는 사람은 '사업주 또는 경영책임자등'입니다. 그러나 개인인 경영책임자등이 거액의 징벌적 손해배상액을 전부 배상할 수 없는 경우도 많을 것입니다. 이에 중대재해처벌법은 배상 여력이 있는 법인 또는 기관에 손해배상책임을 부과해 실질적 배상이 이뤄지도록 규정했습니다.

기업이 책임질 손해배상액의 최대치는 발생된 손해액의 5배까지입니다. 중대재해처벌법 제정 과정에서 중대재해로 인한 인명 피해를 막고자 하는 입법 취지를 살리기 위해 '최소 5배' 이상의 손해액을 배상하도록 하는 법안도 있었습니다. 그러나 기업에 과중한 부담을 지울 수 있다는 의견에 따라 현재와 같이 최대 한도를 5배로 정한 법안이 통과됐습니다. 징벌적 손해배상제도를 도입한 하도급법 등 다른 법률은 그 손해배상 배수를 대부분 3배로 정하고 있고(다만 신용정보법, 자동차관리법은 5배), 현재까지 법원 실무에서는 발생된 손해액의 최대 1.5배 정도의 배상책임을 인정하는 선에서 징벌적 손해배상제도를 운영하고 있습니다. 그러나 중대재해처벌법은 안전사고로 인한 인명 피해와 직결되므로 사회적 경각심을 심어주기 위해 더 높은 수준의 징벌적 배상책임을 인정할 가능성이 있습니다. 따라서 법 시행 이후 법원이 어느 정도 수준의 손해배상액을 인정할지 관심을 갖고 지켜볼 필요가 있습니다.

중대재해가 발생하더라도 기업에 무조건적으로 징벌적 손해배상책임을 인정하는 것은 아닙니다. 중대재해처벌법은 경영책임자등의 의무 위반에 '고의 또는 중대한 과실'이 있는 경우에 한해 징벌적 손해배상책임을 인정합니다. 그렇다면 '고의' 또는 '중대한 과실'이란 구체적으로 어떤 상황을 의미할까요. 우선 '고의'로 의무를 위반하는 경우는 사업 비용을 절감하고자 안전보건 예산을 비합리적 수준으로 삭감하는 상황을 대표적 예로 들 수 있습니다(형법에서는 이를 '확정적고의'라고 합니다). 또한 우리 법은 '고의'의 개념을 넓게 보고, 의도적이지는 않지만 중대재해가 발생할 가능성이 있다는 사실을 알고 있었음에도 인명 피해가 발생해도 어쩔 수 없다는 마음으로 안전 및 보건 확보의무를 게을리 한 경우에도 고의를 인정하고 있습니다. 이를 미필적고의라고 합니다.

한편 약간의 주의를 한다면 손쉽게 중대재해를 예견할 수 있었음에도 이를 대강 보아 넘겨 고의로 볼 수 있을 정도로 주의를 하지 않았을 때 '중대한 과실'이 있다고 인정됩니다. 반대로 법인

point ❶
기업이 책임질 손해배상액 최대 5배

point ❷
사회적 경각심을 심어주기 위해 높은 수준의 징벌적 배상책임을 인정할 가능성

또는 기관이 해당 안전보건 업무에 관해 상당한 주의와 감독을 게을리하지 않은 경우 징벌적 손해배상책임이 면책됩니다. 다만, 법인 또는 기관이 징벌적 손해배상책임을 부담하지 않는다 하여 일반적인 민사상 손해배상책임에서도 면책되는 것은 아닙니다. 즉 중과실에는 이르지 않는 일반적 정도의 과실로 인해 중대재해가 발생했다면 법인 또는 기관은 민법 제750조 등에 의거해 중대재해로 인한 손해액(실제 손해발생액 한도) 또는 위자료에 대한 배상책임을 부담한다는 점을 유의할 필요가 있습니다.

중대재해처벌법은 징벌적 손해배상액을 정할 때 고려할 7가지 사항을 제시하고 있습니다. 즉 사업주 또는 경영책임자등의 ① 고의 또는 중대한 과실의 정도 ② 중대재해처벌법에서 정한 의무 위반 행위의 종류 및 내용 ③ 해당 의무 위반 행위로 인해 발생한 피해의 규모 ④ 사업주나 법인 또는 기관이 취득한 경제적 이익 ⑤ 의무 위반 행위의 기간 및 횟수 등 ⑥ 사업주나 법인 또는 기관의 재산 상태 ⑦ 사업주나 법인 또는 기관의 피해 구제 및 재발 방지 노력의 정도 등을 종합적으로 고려해 기업 또는 법인이 부담할 손해배상액을 결정합니다. 따라서 경영책임자등은 시행령에서 정한 구체적인 안전 및 보건 확보의무 내용과 더불어 위 7가지 사항을 참고해 중대재해 재발 방지 대책을 수립해야 합니다.

이처럼 중대재해처벌법의 징벌적 손해배상제도는 안전관리를 방임하는 사업주에게는 적절한 제재라고 평가할 수도 있습니다. 한편 평소 안전 및 보건 확보의무를 성실히 수행하더라도 미처 파악하지 못한 위험 요인으로 인해 재해가 발생할 수도 있습니다. 따라서 사업주로서는 중대재해처벌법 시행 이후 징벌적 손해배상제도가 구체적으로 어떻게 운영될지 주의를 기울이면서 사업장 내 안전보건 환경을 최대한 성실히 관리하고 기록하는 것이 바람직합니다.

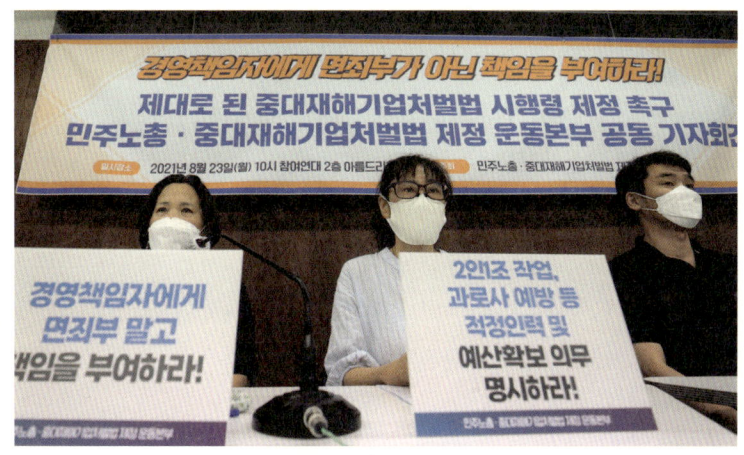

민주노총·중대재해기업처벌법 제정 운동본부 공동 기자회견 중인 김미숙 김용균재단 대표.

안전보건관리체계 가이드

1. 안전보건관리체계 구축 및 이행 관련 (법 제4조 제1항 제1호)

1) 안전·보건 목표 및 경영 방침 설정(시행령 제4조 제1호)
   - 전사적 안전보건관리 목표 및 중·장기 전략이 설정돼 있는가
   - 동종 업계에 비해 내용이 구체적인가
   - 내부 시행 및 이행 달성 정도의 평가 시스템이 구축됐는가
   - 안전·보건 활동에 관한 보고서를 발간하는가

2) 안전보건전담조직 설치(시행령 제4조 제2호)
   - 안전보건전담조직 설치 대상 사업장인가(안전관리 인력이 총 3명 이상이며 상시 근로자가 500명 이상이거나 시공 능력 200위 이내 사업장인가)
   - 전담 조직은 2명 이상으로, 안전·보건 업무를 총괄·관리할 수 있는 합리적 인원으로 구성되는가
   - 전담 조직 부서장과 부서원 모두 안전·보건에 관한 업무만 총괄·관리하는가
   - 안전·보건과 무관하거나 목표의 상충이 일어날 수 있는 업무를 함께 수행하지 않는가

3) 유해·위험 요인 확인 및 개선 업무 절차 마련(시행령 제4조 제3호)
   - 산업안전보건법 제36조에 따른 위험성평가 제도를 도입하고 해당 절차에 따라 위험성평가를 실시하는가
   - 유해·위험 요인의 확인 및 개선 이행에 대해 반기 1회 이상 점검하는가
   - 협력 업체가 유해·위험 요인 확인 및 개선 절차에 참여하는가
   - 위험 개선 결과의 이행 수준 검토 및 관리체계 보완이 이뤄지는가
   - ① 기계·기구, 설비, 원재료 등의 신규 도입 또는 변경
     ② 건설물·기계·기구·설비 등의 정비 보수 시
     ③ 작업 방법 및 절차의 변경 등이 실행되기 전에 각각 유해·위험 요인의 확인이 이뤄지는가

4) 안전·보건 예산 편성 및 집행(시행령 제4조 제4호)
   - 안전·보건 관련 예산 분류 기준을 갖추고 시행하는가
   - 예산은 대표이사의 안전·보건 계획과 연계되는가
   - 위험성평가, 안전교육 개선, 사업장별 안전보건관리자의 업무 수행 등에 필요한 예산 항목이 포함돼 있는가
   - 예산별 용도 내 집행 여부를 점검하는 시스템이 있는가

5) 안전보건관리책임자등의 권한 및 예산 부여, 안전보건관리자등 평가
   (시행령 제4조 제5호)
   - 안전보건관리책임자 등의 권한 및 예산을 부여하는 역할과 책임 및 전결 규정이 마련돼 있는가
   - 안전보건관리책임자등의 평가 기준이 마련돼 있는가
   - 안전보건관리책임자등의 평가를 반기 1회 이상 진행하는가

6) 안전·보건 전문 인력 배치, 업무 수행 시간 보장(시행령 제4조 제6호)
   - 안전관리자, 보건관리자, 안전보건관리담당자, 산업보건의 등 법정 인력 선임 대상인가, 선임 대상일 경우 몇 명을 둬야 하는가
   - 안전·보건 업무에 관한 업무 수행 시간이 보장돼 있는가
   - 사업장별 독립적 안전·보건 업무 수행체계가 구축돼 있는가

7) 종사자 의견 청취 절차 마련 등(시행령 제4조 제7호)
   - 종사자 의견을 청취할 수 있는 절차가 마련돼 있는가
   - 재해 예방을 위한 개선 방안을 마련해 이행 여부를 반기 1회 이상 점검한 후 필요한 조치를 하는가

8) 급박한 위험 시 대응 절차 등(시행령 제4조 제8호)
   - 중대산업재해가 발생하거나 발생할 급박한 위험이 있을 경우를 대비한 대응 절차 매뉴얼이 있는가
   - 매뉴얼에 작업 중지, 근로자 대피, 위험 요인 제거 등 대응조치, 중대산업재해를 입은 사람에 대한 구호조치, 추가 피해 방지조치에 관한 사항이 포함돼 있는가
   - 해당 매뉴얼에 따라 조치하는지를 반기 1회 이상 점검하는가

9) 도급·용역·위탁 시 평가 절차 등(시행령 제4조 제9호)
   - 도급·용역·위탁 등을 받는 자의 산업재해 예방을 위한 조치 능력과 기술에 관한 평가 기준 및 절차가 마련돼 있는가
   - 기준 미달 시 실질적으로 재계약 거부 또는 입찰 탈락 등의 조치를 하고 있는가
   - 도급·용역·위탁 등을 받는 자의 안전·보건을 위한 관리비용에 관한 기준이 마련돼 있는가
   - 건설업 및 조선업의 경우 도급·용역·위탁 등을 받는 자의 안전보건을 위한 공사 기간 또는 건조 기간에 관한 기준을 정기적으로 확인 및 점검하고, 각 이행

EPILOGUE

- 관련 자료를 서면 보관하는가
- 위 사항을 반기 1회 이상 점검하고 있는가

2. 재해 발생 시 재발 방지 대책 수립 및 이행에 관한 조치 관련 (법 제4조 제1항 제2호)

- 발생한 재해에 대한 조사와 결과 분석, 현장 담당자 및 전문가의 의견 수렴 등을 통해 유해·위험 요인과 발생 원인을 파악하는가
- 동일하거나 유사한 재해가 발생하지 않도록 파악한 유해·위험 요인을 제거 및 대체하고, 통제 방안을 검토해 세부적 개선 대책을 마련하고 있는가

3. 중앙행정기관, 지자체의 개선·시정 등 명령 사항 이행 조치(법 제4호 제1항 제3호)

- 보고 절차가 규정화돼 있는가
- 보고 및 이행 확인 시스템이 구성돼 있고, 적절히 활용되고 있는가

4.
안전·보건 관련 법령에 따른 의무 이행에 필요한 관리상의 조치

1) 안전·보건 관련 법령 의무 이행 여부 점검 및 결과 보고
   (시행령 제5조 제2항 제1호)
   – 경영책임자등을 중심으로 안전·보건 관련 법령 의무이행 사항의 보고 시스템이 마련돼 있는가
   – 반기 1회 이상 의무 이행 점검 업무를 자체 수행하거나, 전문 기관에 위탁해 수행하고 있는가

2) 유해·위험 작업에 관한 안전보건교육(시행령 제5조 제2항 제3호)
   – 계층별 안전보건교육 이수관리체계가 마련돼 있는가
   – 협력 업체에 대해서도 안전보건교육 관리체계가 마련돼 있는가
   – 안전보건교육 이수율 통제 시스템이 존재하는가
   – 반기 1회 이상 안전보건교육 여부 등을 점검하고 있는가

3) 각 점검 결과를 토대로 인력 배치 및 예산 추가 편성
   (시행령 제5조 제2항 제2호, 제3호, 제4호)
   – 위 점검 결과를 본사 등에 보고하며, 인력 배치 및 예산 편성·교육 등에 반영하고 있는가
   – 안전보건담당 임원이 관련 권한을 보유하고 있는가
   – 내부 절차상 필요한 조치 사항이 누락되는 것을 방지하거나 보완할 만한 시스템이 마련돼 있는가

5.
기타

1) 도급·용역·위탁 관계에서의 안전 및 보건 확보의무(법 제5조)
   – 도급·용역·위탁의 경우, 해당 장소의 유해·위험 요인을 인지하고 이를 관리 및 개선 가능할 정도로 실질적으로 지배·운영·관리 책임을 부담하는 사업장이 있는가
   – 실질적으로 지배·운영·관리하는 사업장의 경우, 안전 및 보건 확보의무를 이행하고 있는가

2) 조치 등 이행 사항에 관한 서면 보관(시행령 제13조)
   – 조치 등의 이행에 관한 사항을 서면으로 작성하고 있는가
   – 해당 서면을 이행한 날부터 5년간 보관하고 있는가

EPILOGUE

중대재해 처벌 등에 관한 법률

법률 제17907호, 2021. 1. 26. 제정

제1장 총칙

제1조(목적)
이 법은 사업 또는 사업장, 공중이용시설 및 공중교통수단을 운영하거나 인체에 해로운 원료나 제조물을 취급하면서 안전·보건 조치의무를 위반하여 인명피해를 발생하게 한 사업주, 경영책임자, 공무원 및 법인의 처벌 등을 규정함으로써 중대재해를 예방하고 시민과 종사자의 생명과 신체를 보호함을 목적으로 한다.

제2조(정의) 이 법에서 사용하는 용어의 뜻은 다음과 같다.
1. "중대재해"란 "중대산업재해"와 "중대시민재해"를 말한다.
2. "중대산업재해"란 「산업안전보건법」 제2조제1호에 따른 산업재해 중 다음 각 목의 어느 하나에 해당하는 결과를 야기한 재해를 말한다.
   가. 사망자가 1명 이상 발생
   나. 동일한 사고로 6개월 이상 치료가 필요한 부상자가 2명 이상 발생
   다. 동일한 유해요인으로 급성중독 등 대통령령으로 정하는 직업성 질병자가 1년 이내에 3명 이상 발생
3. "중대시민재해"란 특정 원료 또는 제조물, 공중이용시설 또는 공중교통수단의 설계, 제조, 설치, 관리상의 결함을 원인으로 하여 발생한 재해로서 다음 각 목의 어느 하나에 해당하는 결과를 야기한 재해를 말한다. 다만, 중대산업재해에 해당하는 재해는 제외한다.
   가. 사망자가 1명 이상 발생
   나. 동일한 사고로 2개월 이상 치료가 필요한 부상자가 10명 이상 발생
   다. 동일한 원인으로 3개월 이상 치료가 필요한 질병자가 10명 이상 발생
4. "공중이용시설"이란 다음 각 목의 시설 중 시설의 규모나 면적 등을 고려하여 대통령령으로 정하는 시설을 말한다. 다만, 「소상공인 보호 및 지원에 관한 법률」 제2조에 따른 소상공인의 사업 또는 사업장 및 이에 준하는 비영리시설과 「교육시설 등의 안전 및 유지관리 등에 관한 법률」 제2조제1호에 따른 교육시설은 제외한다.
   가. 「실내공기질 관리법」 제3조제1항의 시설(「다중이용업소의 안전관리에 관한 특별법」 제2조제1항제1호에 따른 영업장은 제외한다)

나. 「시설물의 안전 및 유지관리에 관한 특별법」 제2조제1호의 시설물(공동주택은 제외한다)

다. 「다중이용업소의 안전관리에 관한 특별법」 제2조제1항제1호에 따른 영업장 중 해당 영업에 사용하는 바닥면적(「건축법」 제84조에 따라 산정한 면적을 말한다)의 합계가 1천제곱미터 이상인 것

라. 그 밖에 가목부터 다목까지에 준하는 시설로서 재해 발생 시 생명·신체상의 피해가 발생할 우려가 높은 장소

5. "공중교통수단"이란 불특정다수인이 이용하는 다음 각 목의 어느 하나에 해당하는 시설을 말한다.

가. 「도시철도법」 제2조제2호에 따른 도시철도의 운행에 사용되는 도시철도차량

나. 「철도산업발전기본법」 제3조제4호에 따른 철도차량 중 동력차·객차(「철도사업법」 제2조제5호에 따른 전용철도에 사용되는 경우는 제외한다)

다. 「여객자동차 운수사업법 시행령」 제3조제1호라목에 따른 노선 여객자동차운송사업에 사용되는 승합자동차

라. 「해운법」 제2조제1호의2의 여객선

마. 「항공사업법」 제2조제7호에 따른 항공운송사업에 사용되는 항공기

6. "제조물"이란 제조되거나 가공된 동산(다른 동산이나 부동산의 일부를 구성하는 경우를 포함한다)을 말한다.

7. "종사자"란 다음 각 목의 어느 하나에 해당하는 자를 말한다.

가. 「근로기준법」상의 근로자

나. 도급, 용역, 위탁 등 계약의 형식에 관계없이 그 사업의 수행을 위하여 대가를 목적으로 노무를 제공하는 자

다. 사업이 여러 차례의 도급에 따라 행하여지는 경우에는 각 단계의 수급인 및 수급인과 가목 또는 나목의 관계가 있는 자

8. "사업주"란 자신의 사업을 영위하는 자, 타인의 노무를 제공받아 사업을 하는 자를 말한다.

9. "경영책임자등"이란 다음 각 목의 어느 하나에 해당하는 자를 말한다.

EPILOGUE

가. 사업을 대표하고 사업을 총괄하는 권한과 책임이 있는 사람 또는 이에 준하여 안전보건에 관한 업무를 담당하는 사람
나. 중앙행정기관의 장, 지방자치단체의 장, 「지방공기업법」에 따른 지방공기업의 장, 「공공기관의 운영에 관한 법률」 제4조부터 제6조까지의 규정에 따라 지정된 공공기관의 장
다. 그 밖에 안전보건관리체계 구축 등을 위해 필요한 사항으로서 고용노동부장관이 정하여 고시하는 사항

제2장
중대산업재해

제3조(적용범위)
상시 근로자가 5명 미만인 사업 또는 사업장의 사업주(개인사업주에 한정한다. 이하 같다) 또는 경영책임자등에게는 이 장의 규정을 적용하지 아니한다.

제4조(사업주와 경영책임자등의 안전 및 보건 확보의무)
① 사업주 또는 경영책임자등은 사업주나 법인 또는 기관이 실질적으로 지배·운영·관리하는 사업 또는 사업장에서 종사자의 안전·보건상 유해 또는 위험을 방지하기 위하여 그 사업 또는 사업장의 특성 및 규모 등을 고려하여 다음 각 호에 따른 조치를 하여야 한다.
1. 재해예방에 필요한 인력 및 예산 등 안전보건관리체계의 구축 및 그 이행에 관한 조치
2. 재해 발생 시 재발방지 대책의 수립 및 그 이행에 관한 조치
3. 중앙행정기관·지방자치단체가 관계 법령에 따라 개선, 시정 등을 명한 사항의 이행에 관한 조치
4. 안전·보건 관계 법령에 따른 의무이행에 필요한 관리상의 조치
② 제1항제1호·제4호의 조치에 관한 구체적인 사항은 대통령령으로 정한다.

제5조(도급, 용역, 위탁 등 관계에서의 안전 및 보건 확보의무)
사업주 또는 경영책임자등은 사업주나 법인 또는 기관이 제3자에게 도급, 용역, 위탁 등을 행한 경우에는 제3자의 종사자에게 중대산업재해가 발생하지 아니하도록 제4조의 조치를 하여야 한다. 다만, 사업주나 법인 또는 기관이 그 시설, 장비, 장소 등에 대하여 실질적으로 지배·운영·관리하는 책임이 있는 경우에 한정한다.

제6조(중대산업재해 사업주와 경영책임자등의 처벌)
① 제4조 또는 제5조를 위반하여 제2조제2호가목의 중대산업재해에 이르게 한 사업주 또는 경영책임자등은 1년 이상의 징역 또는 10억원 이하의 벌금에 처한다. 이 경우 징역과 벌금을 병과할 수 있다.
② 제4조 또는 제5조를 위반하여 제2조제2호나목 또는 다목의 중대산업재해에 이르게 한 사업주 또는 경영책임자등은 7년 이하의 징역 또는 1억원 이하의 벌금에 처한다.
③ 제1항 또는 제2항의 죄로 형을 선고받고 그 형이 확정된 후 5년 이내에 다시 제1항 또는 제2항의 죄를 저지른 자는 각 항에서 정한 형의 2분의 1까지 가중한다.

제7조(중대산업재해의 양벌규정)
법인 또는 기관의 경영책임자등이 그 법인 또는 기관의 업무에 관하여 제6조에 해당하는 위반행위를 하면 그 행위자를 벌하는 외에 그 법인 또는 기관에 다음 각 호의 구분에 따른 벌금형을 과(科)한다. 다만, 법인 또는 기관이 그 위반행위를 방지하기 위하여 해당 업무에 관하여 상당한 주의와 감독을 게을리하지 아니한 경우에는 그러하지 아니하다.
1. 제6조제1항의 경우: 50억원 이하의 벌금
2. 제6조제2항의 경우: 10억원 이하의 벌금

제8조(안전보건교육의 수강)
① 중대산업재해가 발생한 법인 또는 기관의 경영책임자등은 대통령령으로 정하는 바에 따라 안전보건교육을 이수하여야 한다.
② 제1항의 안전보건교육을 정당한 사유 없이 이행하지 아니한 경우에는 5천만원 이하의 과태료를 부과한다.
③ 제2항에 따른 과태료는 대통령령으로 정하는 바에 따라 고용노동부장관이 부과·징수한다.

EPILOGUE

제3장
중대시민재해

제9조(사업주와 경영책임자등의 안전 및 보건 확보의무)

① 사업주 또는 경영책임자등은 사업주나 법인 또는 기관이 실질적으로 지배·운영·관리하는 사업 또는 사업장에서 생산·제조·판매·유통 중인 원료나 제조물의 설계, 제조, 관리상의 결함으로 인한 그 이용자 또는 그 밖의 사람의 생명, 신체의 안전을 위하여 다음 각 호에 따른 조치를 하여야 한다.

1. 재해예방에 필요한 인력·예산·점검 등 안전보건관리체계의 구축 및 그 이행에 관한 조치
2. 재해 발생 시 재발방지 대책의 수립 및 그 이행에 관한 조치
3. 중앙행정기관·지방자치단체가 관계 법령에 따라 개선, 시정 등을 명한 사항의 이행에 관한 조치
4. 안전·보건 관계 법령에 따른 의무이행에 필요한 관리상의 조치

② 사업주 또는 경영책임자등은 사업주나 법인 또는 기관이 실질적으로 지배·운영·관리하는 공중이용시설 또는 공중교통수단의 설계, 설치, 관리상의 결함으로 인한 그 이용자 또는 그 밖의 사람의 생명, 신체의 안전을 위하여 다음 각 호에 따른 조치를 하여야 한다.

1. 재해예방에 필요한 인력·예산·점검 등 안전보건관리체계의 구축 및 그 이행에 관한 조치
2. 재해 발생 시 재발방지 대책의 수립 및 그 이행에 관한 조치
3. 중앙행정기관·지방자치단체가 관계 법령에 따라 개선, 시정 등을 명한 사항의 이행에 관한 조치
4. 안전·보건 관계 법령에 따른 의무이행에 필요한 관리상의 조치

③ 사업주 또는 경영책임자등은 사업주나 법인 또는 기관이 공중이용시설 또는 공중교통수단과 관련하여 제3자에게 도급, 용역, 위탁 등을 행한 경우에는 그 이용자 또는 그 밖의 사람의 생명, 신체의 안전을 위하여 제2항의 조치를 하여야 한다. 다만, 사업주나 법인 또는 기관이 그 시설, 장비, 장소 등에 대하여 실질적으로 지배·운영·관리하는 책임이 있는 경우에 한정한다.

④ 제1항제1호·제4호 및 제2항제1호·제4호의 조치에 관한 구체적인 사항은 대통령령으로 정한다.

제10조(중대시민재해 사업주와 경영책임자등의 처벌)

① 제9조를 위반하여 제2조제3호가목의 중대시민재해에 이르게 한 사업주 또는 경영책임자등은 1년 이상의 징역 또는 10억원 이하의 벌금에 처한다. 이 경우 징역과 벌금을 병과할 수 있다.

② 제9조를 위반하여 제2조제3호나목 또는 다목의 중대시민재해에 이르게 한 사업주 또는 경영책임자등은 7년 이하의 징역 또는 1억원 이하의 벌금에 처한다.

제11조(중대시민재해의 양벌규정)

법인 또는 기관의 경영책임자등이 그 법인 또는 기관의 업무에 관하여 제10조에 해당하는 위반행위를 하면 그 행위자를 벌하는 외에 그 법인 또는 기관에게 다음 각 호의 구분에 따른 벌금형을 과(科)한다. 다만, 법인 또는 기관이 그 위반행위를 방지하기 위하여 해당 업무에 관하여 상당한 주의와 감독을 게을리하지 아니한 경우에는 그러하지 아니하다.

1. 제10조제1항의 경우: 50억원 이하의 벌금
2. 제10조제2항의 경우: 10억원 이하의 벌금

제4장 보칙

제12조(형 확정 사실의 통보)

법무부장관은 제6조, 제7조, 제10조 또는 제11조에 따른 범죄의 형이 확정되면 그 범죄사실을 관계 행정기관의 장에게 통보하여야 한다.

제13조(중대산업재해 발생사실 공표)

① 고용노동부장관은 제4조에 따른 의무를 위반하여 발생한 중대산업재해에 대하여 사업장의 명칭, 발생 일시와 장소, 재해의 내용 및 원인 등 그 발생사실을 공표할 수 있다.

② 제1항에 따른 공표의 방법, 기준 및 절차 등은 대통령령으로 정한다.

EPILOGUE

제14조(심리절차에 관한 특례)
① 이 법 위반 여부에 관한 형사재판에서 법원은 직권으로 「형사소송법」 제294조의2에 따라 피해자 또는 그 법정대리인(피해자가 사망하거나 진술할 수 없는 경우에는 그 배우자·직계친족·형제자매를 포함한다)을 증인으로 신문할 수 있다.
② 이 법 위반 여부에 관한 형사재판에서 법원은 검사, 피고인 또는 변호인의 신청이 있는 경우 특별한 사정이 없으면 해당 분야의 전문가를 전문심리위원으로 지정하여 소송절차에 참여하게 하여야 한다.

제15조(손해배상의 책임)
① 사업주 또는 경영책임자등이 고의 또는 중대한 과실로 이 법에서 정한 의무를 위반하여 중대재해를 발생하게 한 경우 해당 사업주, 법인 또는 기관이 중대재해로 손해를 입은 사람에 대하여 그 손해액의 5배를 넘지 아니하는 범위에서 배상책임을 진다. 다만, 법인 또는 기관이 해당 업무에 관하여 상당한 주의와 감독을 게을리하지 아니한 경우에는 그러하지 아니하다.
② 법원은 제1항의 배상액을 정할 때에는 다음 각 호의 사항을 고려하여야 한다.
1. 고의 또는 중대한 과실의 정도
2. 이 법에서 정한 의무위반행위의 종류 및 내용
3. 이 법에서 정한 의무위반행위로 인하여 발생한 피해의 규모
4. 이 법에서 정한 의무위반행위로 인하여 사업주나 법인 또는 기관이 취득한 경제적 이익
5. 이 법에서 정한 의무위반행위의 기간·횟수 등
6. 사업주나 법인 또는 기관의 재산상태
7. 사업주나 법인 또는 기관의 피해구제 및 재발방지 노력의 정도

제16조(정부의 사업주 등에 대한 지원 및 보고)
① 정부는 중대재해를 예방하여 시민과 종사자의 안전과 건강을 확보하기 위하여 다음 각 호의 사항을 이행하여야 한다.
1. 중대재해의 종합적인 예방대책의 수립·시행과 발생원인 분석
2. 사업주, 법인 및 기관의 안전보건관리체계 구축을 위한 지원
3. 사업주, 법인 및 기관의 중대재해 예방을 위한 기술 지원 및 지도
4. 이 법의 목적 달성을 위한 교육 및 홍보의 시행

② 정부는 사업주, 법인 및 기관에 대하여 유해·위험 시설의 개선과 보호 장비의 구매, 종사자 건강진단 및 관리 등 중대재해 예방사업에 소요되는 비용의 전부 또는 일부를 예산의 범위에서 지원할 수 있다.
③ 정부는 제1항 및 제2항에 따른 중대재해 예방을 위한 조치 이행 등 상황 및 중대재해 예방사업 지원 현황을 반기별로 국회 소관 상임위원회에 보고하여야 한다.
[시행일:2021. 1. 26.] 제16조

중대재해 처벌 등에 관한 법률 시행령

대통령령 제32020호 신규 제정 2021. 10. 05.

제1장 총칙

제1조(목적)
이 영은 「중대재해 처벌 등에 관한 법률」에서 위임된 사항과 그 시행에 필요한 사항을 규정함을 목적으로 한다.

제2조(직업성 질병자)
「중대재해 처벌 등에 관한 법률」(이하 "법"이라 한다) 제2조제2호다목에서 "대통령령으로 정하는 직업성 질병자"란 별표 1에서 정하는 직업성 질병에 걸린 사람을 말한다.

제3조(공중이용시설)
법 제2조제4호 각 목 외의 부분 본문에서 "대통령령으로 정하는 시설"이란 다음 각 호의 시설을 말한다.
1. 법 제2조제4호가목의 시설 중 별표 2에서 정하는 시설
2. 법 제2조제4호나목의 시설물 중 별표 3에서 정하는 시설물. 다만, 다음 각 목의 건축물은 제외한다.
   가. 주택과 주택 외의 시설을 동일 건축물로 건축한 건축물
   나. 건축물의 주용도가 「건축법 시행령」 별표 1 제14호나목2)의 오피스텔인 건축물
3. 법 제2조제4호다목의 영업장
4. 법 제2조제4호라목의 시설 중 다음 각 목의 시설(제2호의 시설물은 제외한다)
   가. 「도로법」 제10조 각 호의 도로에 설치된 연장 20미터 이상인 도로교량 중 준공 후 10년이 지난 도로교량
   나. 「도로법」 제10조제4호부터 제7호까지에서 정한 지방도·시도·군도·구도의 도로터널과 「농어촌도로 정비법 시행령」 제2조제1호의 터널 중 준공 후 10년이 지난 도로터널
   다. 「철도산업발전기본법」 제3조제2호의 철도시설 중 준공 후 10년이 지난 철도교량
   라. 「철도산업발전기본법」 제3조제2호의 철도시설 중 준공 후 10년이 지난 철도터널(특별시 및 광역시 외의 지역에 있는 철도터널로 한정한다)
   마. 다음의 시설 중 개별 사업장 면적이 2천제곱미터 이상인 시설
     1) 「석유 및 석유대체연료 사업법 시행령」 제2조제3호의 주유소
     2) 「액화석유가스의 안전관리 및 사업법」 제2조제4호의 액화석유가스 충전사

　　업의 사업소
　바.「관광진흥법 시행령」제2조제1항제5호가목의 종합유원시설업의 시설 중 같은 법 제33조제1항에 따른 안전성검사 대상인 유기시설 또는 유기기구

제2장 중대산업재해

제4조(안전보건관리체계의 구축 및 이행 조치)

법 제4조제1항제1호에 따른 조치의 구체적인 사항은 다음 각 호와 같다.
1. 사업 또는 사업장의 안전·보건에 관한 목표와 경영방침을 설정할 것
2. 「산업안전보건법」제17조부터 제19조까지 및 제22조에 따라 두어야 하는 인력이 총 3명 이상이고 다음 각 목의 어느 하나에 해당하는 사업 또는 사업장인 경우에는 안전·보건에 관한 업무를 총괄·관리하는 전담 조직을 둘 것. 이 경우 나목에 해당하지 않던 건설사업자가 나목에 해당하게 된 경우에는 공시한 연도의 다음 연도 1월 1일까지 해당 조직을 두어야 한다.
　가. 상시근로자 수가 500명 이상인 사업 또는 사업장
　나.「건설산업기본법」제8조 및 같은 법 시행령 별표 1에 따른 토목건축공사업에 대해 같은 법 제23조에 따라 평가하여 공시된 시공능력의 순위가 상위 200위 이내인 건설사업자
3. 사업 또는 사업장의 특성에 따른 유해·위험요인을 확인하여 개선하는 업무절차를 마련하고, 해당 업무절차에 따라 유해·위험요인의 확인 및 개선이 이루어지는지를 반기 1회 이상 점검한 후 필요한 조치를 할 것. 다만, 「산업안전보건법」제36조에 따른 위험성평가를 하는 절차를 마련하고, 그 절차에 따라 위험성 평가를 직접 실시하거나 실시하도록 하여 실시 결과를 보고받은 경우에는 해당 업무절차에 따라 유해·위험요인의 확인 및 개선에 대한 점검을 한 것으로 본다.
4. 다음 각 목의 사항을 이행하는 데 필요한 예산을 편성하고 그 편성된 용도에 맞게 집행하도록 할 것
　가. 재해 예방을 위해 필요한 안전·보건에 관한 인력, 시설 및 장비의 구비
　나. 제3호에서 정한 유해·위험요인의 개선

EPILOGUE

　　다. 그 밖에 안전보건관리체계 구축 등을 위해 필요한 사항으로서 고용노동부장관이 정하여 고시하는 사항
5. 「산업안전보건법」 제15조, 제16조 및 제62조에 따른 안전보건관리책임자, 관리감독자 및 안전보건총괄책임자(이하 이 조에서 "안전보건관리책임자등"이라 한다)가 같은 조에서 규정한 각각의 업무를 각 사업장에서 충실히 수행할 수 있도록 다음 각 목의 조치를 할 것
　　가. 안전보건관리책임자등에게 해당 업무 수행에 필요한 권한과 예산을 줄 것
　　나. 안전보건관리책임자등이 해당 업무를 충실하게 수행하는지를 평가하는 기준을 마련하고, 그 기준에 따라 반기 1회 이상 평가·관리할 것
6. 「산업안전보건법」 제17조부터 제19조까지 및 제22조에 따라 정해진 수 이상의 안전관리자, 보건관리자, 안전보건관리담당자 및 산업보건의를 배치할 것. 다만, 다른 법령에서 해당 인력의 배치에 대해 달리 정하고 있는 경우에는 그에 따르고, 배치해야 할 인력이 다른 업무를 겸직하는 경우에는 고용노동부장관이 정하여 고시하는 기준에 따라 안전·보건에 관한 업무 수행시간을 보장해야 한다.
7. 사업 또는 사업장의 안전·보건에 관한 사항에 대해 종사자의 의견을 듣는 절차를 마련하고, 그 절차에 따라 의견을 들어 재해 예방에 필요하다고 인정하는 경우에는 그에 대한 개선방안을 마련하여 이행하는지를 반기 1회 이상 점검한 후 필요한 조치를 할 것. 다만, 「산업안전보건법」 제24조에 따른 산업안전보건위원회 및 같은 법 제64조·제75조에 따른 안전 및 보건에 관한 협의체에서 사업 또는 사업장의 안전·보건에 관하여 논의하거나 심의·의결한 경우에는 해당 종사자의 의견을 들은 것으로 본다.
8. 사업 또는 사업장에 중대산업재해가 발생하거나 발생할 급박한 위험이 있을 경우를 대비하여 다음 각 목의 조치에 관한 매뉴얼을 마련하고, 해당 매뉴얼에 따라 조치하는지를 반기 1회 이상 점검할 것
　　가. 작업 중지, 근로자 대피, 위험요인 제거 등 대응조치
　　나. 중대산업재해를 입은 사람에 대한 구호조치
　　다. 추가 피해방지를 위한 조치
9. 제3자에게 업무의 도급, 용역, 위탁 등을 하는 경우에는 종사자의 안전·보건을 확보하기 위해 다음 각 목의 기준과 절차를 마련하고, 그 기준과 절차에 따라 도

급, 용역, 위탁 등이 이루어지는지를 반기 1회 이상 점검할 것
가. 도급, 용역, 위탁 등을 받는 자의 산업재해 예방을 위한 조치 능력과 기술에 관한 평가기준·절차
나. 도급, 용역, 위탁 등을 받는 자의 안전·보건을 위한 관리비용에 관한 기준
다. 건설업 및 조선업의 경우 도급, 용역, 위탁 등을 받는 자의 안전·보건을 위한 공사기간 또는 건조기간에 관한 기준

제5조(안전·보건 관계 법령에 따른 의무이행에 필요한 관리상의 조치)

① 법 제4조제1항제4호에서 "안전·보건 관계 법령"이란 해당 사업 또는 사업장에 적용되는 것으로서 종사자의 안전·보건을 확보하는 데 관련되는 법령을 말한다.
② 법 제4조제1항제4호에 따른 조치에 관한 구체적인 사항은 다음 각 호와 같다.
1. 안전·보건 관계 법령에 따른 의무를 이행했는지를 반기 1회 이상 점검(해당 안전·보건 관계 법령에 따라 중앙행정기관의 장이 지정한 기관 등에 위탁하여 점검하는 경우를 포함한다. 이하 이 호에서 같다)하고, 직접 점검하지 않은 경우에는 점검이 끝난 후 지체 없이 점검 결과를 보고받을 것
2. 제1호에 따른 점검 또는 보고 결과 안전·보건 관계 법령에 따른 의무가 이행되지 않은 사실이 확인되는 경우에는 인력을 배치하거나 예산을 추가로 편성·집행하도록 하는 등 해당 의무 이행에 필요한 조치를 할 것
3. 안전·보건 관계 법령에 따라 의무적으로 실시해야 하는 유해·위험한 작업에 관한 안전·보건에 관한 교육이 실시되었는지를 반기 1회 이상 점검하고, 직접 점검하지 않은 경우에는 점검이 끝난 후 지체 없이 점검 결과를 보고받을 것
4. 제3호에 따른 점검 또는 보고 결과 실시되지 않은 교육에 대해서는 지체 없이 그 이행의 지시, 예산의 확보 등 교육 실시에 필요한 조치를 할 것

제6조(안전보건교육의 실시 등)

① 법 제8조제1항에 따른 안전보건교육(이하 "안전보건교육"이라 한다)은 총 20시간의 범위에서 고용노동부장관이 정하는 바에 따라 이수해야 한다.
② 안전보건교육에는 다음 각 호의 사항이 포함되어야 한다.
1. 안전보건관리체계의 구축 등 안전·보건에 관한 경영 방안

EPILOGUE

2. 중대산업재해의 원인 분석과 재발 방지 방안

③ 고용노동부장관은 「한국산업안전보건공단법」에 따른 한국산업안전보건공단이나 「산업안전보건법」 제33조에 따라 등록된 안전보건교육기관(이하 "안전보건교육기관등"이라 한다)에 안전보건교육을 의뢰하여 실시할 수 있다.

④ 고용노동부장관은 분기별로 중대산업재해가 발생한 법인 또는 기관을 대상으로 안전보건교육을 이수해야 할 교육대상자를 확정하고 안전보건교육 실시일 30일 전까지 다음 각 호의 사항을 해당 교육대상자에게 통보해야 한다.

1. 안전보건교육을 실시하는 안전보건교육기관등
2. 교육일정
3. 그 밖에 안전보건교육의 실시에 필요한 사항

⑤ 제4항에 따른 통보를 받은 교육대상자는 해당 교육일정에 참여할 수 없는 정당한 사유가 있는 경우에는 안전보건교육 실시일 7일 전까지 고용노동부장관에게 안전보건교육의 연기를 한 번만 요청할 수 있다.

⑥ 고용노동부장관은 제5항에 따른 연기 요청을 받은 날부터 3일 이내에 연기 가능 여부를 교육대상자에게 통보해야 한다.

⑦ 안전보건교육을 연기하는 경우 교육일정 등의 통보에 관하여는 제4항을 준용한다.

⑧ 안전보건교육에 드는 비용은 안전보건교육기관등에서 수강하는 교육대상자가 부담한다.

⑨ 안전보건교육기관등은 안전보건교육을 실시한 경우에는 지체 없이 안전보건교육 이수자 명단을 고용노동부장관에게 통보해야 한다.

⑩ 안전보건교육을 이수한 교육대상자는 필요한 경우 안전보건교육이수확인서를 발급해 줄 것을 고용노동부장관에게 요청할 수 있다.

⑪ 제10항에 따른 요청을 받은 고용노동부장관은 고용노동부장관이 정하는 바에 따라 안전보건교육이수확인서를 지체 없이 내주어야 한다.

제7조(과태료의 부과기준)

법 제8조제2항에 따른 과태료의 부과기준은 별표 4와 같다.

제3장
중대시민재해

제8조(원료·제조물 관련 안전보건관리체계의 구축 및 이행 조치)
법 제9조제1항제1호에 따른 조치의 구체적인 사항은 다음 각 호와 같다.

1. 다음 각 목의 사항을 이행하는 데 필요한 인력을 갖추어 중대시민재해 예방을 위한 업무를 수행하도록 할 것
   가. 법 제9조제1항제4호의 안전·보건 관계 법령에 따른 안전·보건 관리 업무의 수행
   나. 유해·위험요인의 점검과 위험징후 발생 시 대응
   다. 그 밖에 원료·제조물 관련 안전·보건 관리를 위해 환경부장관이 정하여 고시하는 사항
2. 다음 각 목의 사항을 이행하는 데 필요한 예산을 편성·집행할 것
   가. 법 제9조제1항제4호의 안전·보건 관계 법령에 따른 인력·시설 및 장비 등의 확보·유지
   나. 유해·위험요인의 점검과 위험징후 발생 시 대응
   다. 그 밖에 원료·제조물 관련 안전·보건 관리를 위해 환경부장관이 정하여 고시하는 사항
3. 별표 5에서 정하는 원료 또는 제조물로 인한 중대시민재해를 예방하기 위해 다음 각 목의 조치를 할 것
   가. 유해·위험요인의 주기적인 점검
   나. 제보나 위험징후의 감지 등을 통해 발견된 유해·위험요인을 확인한 결과 중대시민재해의 발생 우려가 있는 경우의 신고 및 조치
   다. 중대시민재해가 발생한 경우의 보고, 신고 및 조치
   라. 중대시민재해 원인조사에 따른 개선조치
4. 제3호 각 목의 조치를 포함한 업무처리절차의 마련. 다만, 「소상공인기본법」 제2조에 따른 소상공인의 경우는 제외한다.
5. 제1호 및 제2호의 사항을 반기 1회 이상 점검하고, 점검 결과에 따라 인력을 배치하거나 예산을 추가로 편성·집행하도록 하는 등 중대시민재해 예방에 필요한 조치를 할 것

EPILOGUE

제9조(원료·제조물 관련 안전·보건 관계 법령에 따른 의무이행에 필요한 관리상의 조치)

① 법 제9조제1항제4호에서 "안전·보건 관계 법령"이란 해당 사업 또는 사업장에서 생산·제조·판매·유통 중인 원료나 제조물에 적용되는 것으로서 그 원료나 제조물이 사람의 생명·신체에 미칠 수 있는 유해·위험 요인을 예방하고 안전하게 관리하는 데 관련되는 법령을 말한다.

② 법 제9조제1항제4호에 따른 조치의 구체적인 사항은 다음 각 호와 같다.

1. 안전·보건 관계 법령에 따른 의무를 이행했는지를 반기 1회 이상 점검(해당 안전·보건 관계 법령에 따라 중앙행정기관의 장이 지정한 기관 등에 위탁하여 점검하는 경우를 포함한다. 이하 이 호에서 같다)하고, 직접 점검하지 않은 경우에는 점검이 끝난 후 지체 없이 점검 결과를 보고받을 것
2. 제1호에 따른 점검 또는 보고 결과 안전·보건 관계 법령에 따른 의무가 이행되지 않은 사실이 확인되는 경우에는 인력을 배치하거나 예산을 추가로 편성·집행하도록 하는 등 해당 의무 이행에 필요한 조치를 할 것
3. 안전·보건 관계 법령에 따라 의무적으로 실시해야 하는 교육이 실시되는지를 반기 1회 이상 점검하고, 직접 점검하지 않은 경우에는 점검이 끝난 후 지체 없이 점검 결과를 보고받을 것
4. 제3호에 따른 점검 또는 보고 결과 실시되지 않은 교육에 대해서는 지체 없이 그 이행의 지시, 예산의 확보 등 교육 실시에 필요한 조치를 할 것

제10조(공중이용시설·공중교통수단 관련 안전보건관리체계 구축 및 이행에 관한 조치)

법 제9조제2항제1호에 따른 조치의 구체적인 사항은 다음 각 호와 같다.

1. 다음 각 목의 사항을 이행하는 데 필요한 인력을 갖추어 중대시민재해 예방을 위한 업무를 수행하도록 할 것
    - 가. 법 제9조제2항제4호의 안전·보건 관계 법령에 따른 안전관리 업무의 수행
    - 나. 제4호에 따라 수립된 안전계획의 이행
    - 다. 그 밖에 공중이용시설 또는 공중교통수단과 그 이용자나 그 밖의 사람의 안전에 관하여 국토교통부장관이 정하여 고시하는 사항

2. 다음 각 목의 사항을 이행하는 데 필요한 예산을 편성·집행할 것
   가. 법 제9조제2항제4호의 안전·보건 관계 법령에 따른 인력·시설 및 장비 등의 확보·유지와 안전점검 등의 실시
   나. 제4호에 따라 수립된 안전계획의 이행
   다. 그 밖에 공중이용시설 또는 공중교통수단과 그 이용자나 그 밖의 사람의 안전에 관하여 국토교통부장관이 정하여 고시하는 사항
3. 공중이용시설 또는 공중교통수단에 대한 법 제9조제2항제4호의 안전·보건 관계 법령에 따른 안전점검 등을 계획하여 수행되도록 할 것
4. 공중이용시설 또는 공중교통수단에 대해 연 1회 이상 다음 각 목의 내용이 포함된 안전계획을 수립하게 하고, 충실히 이행하도록 할 것. 다만, 공중이용시설에 대해「시설물의 안전 및 유지관리에 관한 특별법」제6조에 따라 시설물에 대한 안전 및 유지관리계획을 수립·시행하거나 공중이용시설 또는 공중교통수단에 대해 철도운영자가「철도안전법」제6조에 따라 연차별 시행계획을 수립·추진하는 경우로서 사업주 또는 경영책임자등이 그 수립 여부 및 내용을 직접 확인하거나 보고받은 경우에는 안전계획을 수립하여 이행한 것으로 본다.
   가. 공중이용시설 또는 공중교통수단의 안전과 유지관리를 위한 인력의 확보에 관한 사항
   나. 공중이용시설의 안전점검 또는 정밀안전진단의 실시와 공중교통수단의 점검·정비(점검·정비에 필요한 장비를 확보하는 것을 포함한다)에 관한 사항
   다. 공중이용시설 또는 공중교통수단의 보수·보강 등 유지관리에 관한 사항
5. 제1호부터 제4호까지에서 규정한 사항을 반기 1회 이상 점검하고, 직접 점검하지 않은 경우에는 점검이 끝난 후 지체 없이 점검 결과를 보고받을 것
6. 제5호에 따른 점검 또는 보고 결과에 따라 인력을 배치하거나 예산을 추가로 편성·집행하도록 하는 등 중대시민재해 예방에 필요한 조치를 할 것
7. 중대시민재해 예방을 위해 다음 각 목의 사항이 포함된 업무처리절차를 마련하여 이행할 것. 다만, 철도운영자가「철도안전법」제7조에 따라 비상대응계획을 포함한 철도안전관리체계를 수립하여 시행하거나 항공운송사업자가「항공안전법」제58조제2항에 따라 위기대응계획을 포함한 항공안전관리시스템을 마련하여 운용한 경우로서 사업주 또는 경영책임자등이 그 수립 여부 및 내용을 직접 점

검하거나 점검 결과를 보고받은 경우에는 업무처리절차를 마련하여 이행한 것으로 본다.
    가. 공중이용시설 또는 공중교통수단의 유해·위험요인의 확인·점검에 관한 사항
    나. 공중이용시설 또는 공중교통수단의 유해·위험요인을 발견한 경우 해당 사항의 신고·조치요구, 이용 제한, 보수·보강 등 그 개선에 관한 사항
    다. 중대시민재해가 발생한 경우 사상자 등에 대한 긴급구호조치, 공중이용시설 또는 공중교통수단에 대한 긴급안전점검, 위험표지 설치 등 추가 피해방지 조치, 관계 행정기관 등에 대한 신고와 원인조사에 따른 개선조치에 관한 사항
    라. 공중교통수단 또는 「시설물의 안전 및 유지관리에 관한 특별법」 제7조제1호의 제1종시설물에서 비상상황이나 위급상황 발생 시 대피훈련에 관한 사항
8. 제3자에게 공중이용시설 또는 공중교통수단의 운영·관리 업무의 도급, 용역, 위탁 등을 하는 경우 공중이용시설 또는 공중교통수단과 그 이용자나 그 밖의 사람의 안전을 확보하기 위해 다음 각 목에 따른 기준과 절차를 마련하고, 그 기준과 절차에 따라 도급, 용역, 위탁 등이 이루어지는지를 연 1회 이상 점검하고, 직접 점검하지 않은 경우에는 점검이 끝난 후 지체 없이 점검 결과를 보고받을 것
    가. 중대시민재해 예방을 위한 조치능력 및 안전관리능력에 관한 평가기준·절차
    나. 도급, 용역, 위탁 등의 업무 수행 시 중대시민재해 예방을 위해 필요한 비용에 관한 기준

제11조(공중이용시설·공중교통수단 관련 안전·보건 관계 법령에 따른 의무이행에 필요한 관리상의 조치)

① 법 제9조제2항제4호에서 "안전·보건 관계 법령"이란 해당 공중이용시설·공중교통수단에 적용되는 것으로서 이용자나 그 밖의 사람의 안전·보건을 확보하는 데 관련되는 법령을 말한다.

② 법 제9조제2항제4호에 따른 조치의 구체적인 사항은 다음 각 호와 같다.

1. 안전·보건 관계 법령에 따른 의무를 이행했는지를 연 1회 이상 점검(해당 안전·보건 관계 법령에 따라 중앙행정기관의 장이 지정한 기관 등에 위탁하여 점검하는 경우를 포함한다. 이하 이 호에서 같다)하고, 직접 점검하지 않은 경우에는 점검

이 끝난 후 지체 없이 점검 결과를 보고받을 것
2. 제1호에 따른 점검 또는 보고 결과 안전·보건 관계 법령에 따른 의무가 이행되지 않은 사실이 확인되는 경우에는 인력을 배치하거나 예산을 추가로 편성·집행하도록 하는 등 해당 의무 이행에 필요한 조치를 할 것
3. 안전·보건 관계 법령에 따라 공중이용시설의 안전을 관리하는 자나 공중교통수단의 시설 및 설비를 정비·점검하는 종사자가 의무적으로 이수해야 하는 교육을 이수했는지를 연 1회 이상 점검하고, 직접 점검하지 않은 경우에는 점검이 끝난 후 지체 없이 점검 결과를 보고받을 것
4. 제3호에 따른 점검 또는 보고 결과 실시되지 않은 교육에 대해서는 지체 없이 그 이행의 지시 등 교육 실시에 필요한 조치를 할 것

제4장 보칙

제12조(중대산업재해 발생사실의 공표)
① 법 제13조제1항에 따른 공표(이하 이 조에서 "공표"라 한다)는 법 제4조에 따른 의무를 위반하여 발생한 중대산업재해로 법 제12조에 따라 범죄의 형이 확정되어 통보된 사업장을 대상으로 한다.
② 공표 내용은 다음 각 호의 사항으로 한다.
1. "중대산업재해 발생사실의 공표"라는 공표의 제목
2. 해당 사업장의 명칭
3. 중대산업재해가 발생한 일시·장소
4. 중대산업재해를 입은 사람의 수
5. 중대산업재해의 내용과 그 원인(사업주 또는 경영책임자등의 위반 사항을 포함한다)
6. 해당 사업장에서 최근 5년 내 중대산업재해의 발생 여부
③ 고용노동부장관은 공표하기 전에 해당 사업장의 사업주 또는 경영책임자등에게 공표하려는 내용을 통지하고 30일 이상의 기간을 정하여 그에 대해 소명자료를 제출하게 하거나 의견을 진술할 수 있는 기회를 주어야 한다.
④ 공표는 관보, 고용노동부나 「한국산업안전보건공단법」에 따른 한국산업안전보건공단의 홈페이지에 게시하는 방법으로 한다.

EPILOGUE

⑤ 제4항에 따라 홈페이지에 게시하는 방법으로 공표하는 경우 공표 기간은 1년으로 한다.

제13조(조치 등의 이행사항에 관한 서면의 보관)
사업주 또는 경영책임자등(「소상공인기본법」 제2조에 따른 소상공인은 제외한다)은 제4조, 제5조 및 제8조부터 제11조까지의 규정에 따른 조치 등의 이행에 관한 사항을 서면(「전자문서 및 전자거래 기본법」 제2조제1호에 따른 전자문서를 포함한다)으로 작성하여 그 조치 등을 이행한 날부터 5년간 보관해야 한다.
부 칙[2021.10.5 제32020호]
이 영은 2022년 1월 27일부터 시행한다.

[별표1] 직업성 질병(제2조 관련)
[별표2] 법 제2조제4호가목의 시설 중 공중이용시설(제3조제1호 관련)
[별표3] 법 제2조제4호나목의 시설물 중 공중이용시설(제3조제2호 관련)
[별표4] 과태료의 부과기준(제7조 관련)
[별표5] 제8조제3호에 따른 조치 대상 원료 또는 제조물(제8조제3호 관련)

직업성 질병(제2조 관련)

1. 염화비닐·유기주석·메틸브로마이드(bromomethane)·일산화탄소에 노출되어 발생한 중추신경계장해 등의 급성중독
2. 납이나 그 화합물(유기납은 제외한다)에 노출되어 발생한 납 창백(蒼白), 복부 산통(産痛), 관절통 등의 급성중독
3. 수은이나 그 화합물에 노출되어 발생한 급성중독
4. 크롬이나 그 화합물에 노출되어 발생한 세뇨관 기능 손상, 급성 세뇨관 괴사, 급성신부전 등의 급성중독
5. 벤젠에 노출되어 발생한 경련, 급성 기질성 뇌증후군, 혼수상태 등의 급성중독
6. 톨루엔(toluene)·크실렌(xylene)·스티렌(styrene)·시클로헥산(cyclohexane)·노말헥산(n-hexane)·트리클로로에틸렌(trichloroethylene) 등 유기화합물에 노출되어 발생한 의식장해, 경련, 급성 기질성 뇌증후군, 부정맥 등의 급성중독
7. 이산화질소에 노출되어 발생한 메트헤모글로빈혈증(methemoglobinemia), 청색증(靑色症) 등의 급성중독
8. 황화수소에 노출되어 발생한 의식 소실(消失), 무호흡, 폐부종, 후각신경마비 등의 급성중독
9. 시안화수소나 그 화합물에 노출되어 발생한 급성중독
10. 불화수소·불산에 노출되어 발생한 화학적 화상, 청색증, 폐수종, 부정맥 등의 급성중독
11. 인[백린(白燐), 황린(黃燐) 등 금지물질에 해당하는 동소체(同素體)로 한정한다]이나 그 화합물에 노출되어 발생한 급성중독
12. 카드뮴이나 그 화합물에 노출되어 발생한 급성중독
13. 다음 각 목의 화학적 인자에 노출되어 발생한 급성중독
    가. 「산업안전보건법」 제125조제1항에 따른 작업환경측정 대상 유해인자 중 화학적 인자
    나. 「산업안전보건법」 제130조제1항제1호에 따른 특수건강진단 대상 유해인자 중 화학적 인자
14. 디이소시아네이트(diisocyanate), 염소, 염화수소 또는 염산에 노출되어 발생한 반응성 기도과민증후군
15. 트리클로로에틸렌에 노출(해당 물질에 노출되는 업무에 종사하지 않게 된 후 3개월이 지난 경우는 제외한다)되어 발생한 스티븐스존슨 증후군(stevens-johnson syndrome). 다만, 약물, 감염, 후천성면역결핍증, 악성 종양 등 다른 원인으로 발생한 스티븐스존슨 증후군은 제외한다.
16. 트리클로로에틸렌 또는 디메틸포름아미드(dimethylformamide)에 노출(해당 물질에 노출되는 업무에 종사하지 않게 된 후 3개월이 지난 경우는 제외한다)되어 발생한 독성 간염. 다만, 약물, 알코올, 과체중, 당뇨병 등 다른 원인으로 발생하거나 다른 질병이 원인이 되어 발생한 간염은 제외한다.
17. 보건의료 종사자에게 발생한 B형 간염, C형 간염, 매독 또는 후천성면역결핍증의 혈액전파성 질병

중대재해 처벌 등에 관한 법률 시행령 [별표 1]

---

18. 근로자에게 건강장해를 일으킬 수 있는 습한 상태에서 하는 작업으로 발생한 렙토스피라증(leptospirosis)
19. 동물이나 그 사체, 짐승의 털·가죽, 그 밖의 동물성 물체를 취급하여 발생한 탄저, 단독(erysipelas) 또는 브루셀라증(brucellosis)
20. 오염된 냉각수로 발생한 레지오넬라증(legionellosis)
21. 고기압 또는 저기압에 노출되거나 중추신경계 산소 독성으로 발생한 건강장해, 감압병(잠수병) 또는 공기색전증(기포가 동맥이나 정맥을 따라 순환하다가 혈관을 막는 것)
22. 공기 중 산소농도가 부족한 장소에서 발생한 산소결핍증
23. 전리방사선(물질을 통과할 때 이온화를 일으키는 방사선)에 노출되어 발생한 급성 방사선증 또는 무형성 빈혈
24. 고열작업 또는 폭염에 노출되는 장소에서 하는 작업으로 발생한 심부체온상승을 동반하는 열사병

중대재해 처벌 등에 관한 법률 시행령 [별표 2]

법 제2조제4호가목의 시설 중 공중이용시설(제3조제1호 관련)

1. 모든 지하역사(출입통로·대합실·승강장 및 환승통로와 이에 딸린 시설을 포함한다)
2. 연면적 2천제곱미터 이상인 지하도상가(지상건물에 딸린 지하층의 시설을 포함한다. 이하 같다). 이 경우 연속되어 있는 둘 이상의 지하도상가의 연면적 합계가 2천 제곱미터 이상인 경우를 포함한다.
3. 철도역사의 시설 중 연면적 2천제곱미터 이상인 대합실
4. 「여객자동차 운수사업법」 제2조제5호의 여객자동차터미널 중 연면적 2천제곱미터 이상인 대합실
5. 「항만법」 제2조제5호의 항만시설 중 연면적 5천제곱미터 이상인 대합실
6. 「공항시설법」 제2조제7호의 공항시설 중 연면적 1천5백제곱미터 이상인 여객터미널
7. 「도서관법」 제2조제1호의 도서관 중 연면적 3천제곱미터 이상인 것
8. 「박물관 및 미술관 진흥법」 제2조제1호 및 제2호의 박물관 및 미술관 중 연면적 3천제곱미터 이상인 것
9. 「의료법」 제3조제2항의 의료기관 중 연면적 2천제곱미터 이상이거나 병상 수 100개 이상인 것
10. 「노인복지법」 제34조제1항제1호의 노인요양시설 중 연면적 1천제곱미터 이상인 것
11. 「영유아보육법」 제2조제3호의 어린이집 중 연면적 430제곱미터 이상인 것
12. 「어린이놀이시설 안전관리법」 제2조제2호의 어린이놀이시설 중 연면적 430제곱미터 이상인 실내 어린이놀이시설
13. 「유통산업발전법」 제2조제3호의 대규모점포. 다만, 「전통시장 및 상점가 육성을 위한 특별법」 제2조제1호의 전통시장은 제외한다.
14. 「장사 등에 관한 법률」 제29조에 따른 장례식장 중 지하에 위치한 시설로서 연면적 1천제곱미터 이상인 것
15. 「전시산업발전법」 제2조제4호의 전시시설 중 옥내시설로서 연면적 2천제곱미터 이상인 것
16. 「건축법」 제2조제2항제14호의 업무시설 중 연면적 3천제곱미터 이상인 것. 다만, 「건축법 시행령」 별표 1 제14호나목2)의 오피스텔은 제외한다.
17. 「건축법」 제2조제2항에 따라 구분된 용도 중 둘 이상의 용도에 사용되는 건축물로서 연면적 2천제곱미터 이상인 것. 다만, 「건축법 시행령」 별표 1 제2호의 공동주택 또는 같은 표 제14호나목2)의 오피스텔이 포함된 경우는 제외한다.
18. 「공연법」 제2조제4호의 공연장 중 객석 수 1천석 이상인 실내 공연장
19. 「체육시설의 설치·이용에 관한 법률」 제2조제1호의 체육시설 중 관람석 수 1천석 이상인 실내 체육시설

※ **비고** 둘 이상의 건축물로 이루어진 시설의 연면적은 개별 건축물의 연면적을 모두 합산한 면적으로 한다.

중대재해 처벌 등에 관한 법률 시행령 [별표 3]

법 제2조제4호나목의 시설물 중 공중이용시설(제3조제2호 관련)

1. 교량	가. 도로교량	1) 상부구조형식이 현수교, 사장교, 아치교 및 트러스교인 교량 2) 최대 경간장 50미터 이상의 교량 3) 연장 100미터 이상의 교량 4) 폭 6미터 이상이고 연장 100미터 이상인 복개구조물
	나. 철도교량	1) 고속철도 교량 2) 도시철도의 교량 및 고가교 3) 상부구조형식이 트러스교 및 아치교인 교량 4) 연장 100미터 이상의 교량
2. 터널	가. 도로터널	1) 연장 1천미터 이상의 터널 2) 3차로 이상의 터널 3) 터널구간이 연장 100미터 이상인 지하차도 4) 고속국도, 일반국도, 특별시도 및 광역시도의 터널 5) 연장 300미터 이상의 지방도, 시도, 군도 및 구도의 터널
	나. 철도터널	1) 고속철도 터널 2) 도시철도 터널 3) 연장 1천미터 이상의 터널 4) 특별시 또는 광역시에 있는 터널
3. 항만	가. 방파제, 파제제(波除堤) 및 호안(護岸)	1) 연장 500미터 이상의 방파제 2) 연장 500미터 이상의 파제제 3) 방파제 기능을 하는 연장 500미터 이상의 호안
	나. 계류시설	1) 1만톤급 이상의 원유부이식 계류시설(부대시설인 해저송유관을 포함한다) 2) 1만톤급 이상의 말뚝구조의 계류시설 3) 1만톤급 이상의 중력식 계류시설
4. 댐		1) 다목적댐, 발전용댐, 홍수전용댐 2) 지방상수도전용댐 3) 총저수용량 1백만톤 이상의 용수전용댐
5. 건축물		1) 고속철도, 도시철도 및 광역철도 역 시설 2) 16층 이상이거나 연면적 3만제곱미터 이상의 건축물 3) 연면적 5천제곱미터 이상(각 용도별 시설의 합계를 말한다)의 문화·집회 시설, 종교시설, 판매시설, 운수시설 중 여객용 시설, 의료시설, 노유자시설, 수련시설, 운동시설, 숙박시설 중 관광숙박시설 및 관광휴게시설
6. 하천	가. 하구둑	1) 하구둑 2) 포용조수량 1천만톤 이상의 방조제
	나. 제방	국가하천의 제방[부속시설인 통관(通管) 및 호안(護岸)을 포함한다]
	다. 보	국가하천에 설치된 다기능 보
7. 상하수도	가. 상수도	1) 광역상수도 2) 공업용수도 3) 지방상수도

중대재해 처벌 등에 관한 법률 시행령 [별표 3]

7. 상하수도	나. 하수도	공공하수처리시설 중 1일 최대처리용량 500톤 이상인 시설
8. 옹벽 및 절토사면(깎기비탈면)		1) 지면으로부터 노출된 높이가 5미터 이상인 부분의 합이 100미터 이상인 옹벽 2) 지면으로부터 연직(鉛直)높이(옹벽이 있는 경우 옹벽 상단으로부터의 높이를 말한다) 30미터 이상을 포함한 절토부(땅깎기를 한 부분을 말한다)로서 단일 수평연장 100미터 이상인 절토사면

※비고
1. "도로"란 「도로법」 제10조의 도로를 말한다.
2. 교량의 "최대 경간장"이란 한 경간(徑間)에서 상부구조의 교각과 교각의 중심선 간의 거리를 경간장으로 정의할 때, 교량의 경간장 중에서 최댓값을 말한다. 한 경간 교량에 대해서는 교량 양측 교대의 흉벽 사이를 교량 중심선에 따라 측정한 거리를 말한다.
3. 교량의 "연장"이란 교량 양측 교대의 흉벽 사이를 교량 중심선에 따라 측정한 거리를 말한다.
4. 도로교량의 "복개구조물"이란 하천 등을 복개하여 도로의 용도로 사용하는 모든 구조물을 말한다.
5. 터널 및 지하차도의 "연장"이란 각 본체 구간과 하나의 구조로 연결된 구간을 포함한 거리를 말한다.
6. "방파제, 파제제 및 호안"이란 「항만법」 제2조제5호가목2)의 외곽시설을 말한다.
7. "계류시설"이란 「항만법」 제2조제5호가목4)의 계류시설을 말한다.
8. "댐"이란 「저수지·댐의 안전관리 및 재해예방에 관한 법률」 제2조제1호의 저수지·댐을 말한다.
9. 위 표 제4호의 지방상수도전용댐과 용수전용댐이 위 표 제7호가목의 광역상수도·공업용수도 또는 지방상수도의 수원지시설에 해당하는 경우에는 위 표 제7호의 상하수도시설로 본다.
10. 위 표의 건축물에는 그 부대시설인 옹벽과 절토사면을 포함하며, 건축설비, 소방설비, 승강기설비 및 전기설비는 포함하지 않는다.
11. 건축물의 연면적은 지하층을 포함한 동별로 계산한다. 다만, 2동 이상의 건축물이 하나의 구조로 연결된 경우와 둘 이상의 지하도상가가 연속되어 있는 경우에는 연면적의 합계로 한다.
12. 건축물의 층수에는 필로티나 그 밖에 이와 비슷한 구조로 된 층을 포함한다.
13. "건축물"은 「건축법 시행령」 별표 1에서 정한 용도별 분류를 따른다.
14. "운수시설 중 여객용 시설"이란 「건축법 시행령」 별표 1 제8호의 운수시설 중 여객자동차터미널, 일반철도역사, 공항청사, 항만여객터미널을 말한다.
15. "철도 역 시설"이란 「철도의 건설 및 철도시설 유지관리에 관한 법률」 제2조제6호가목의 역 시설(물류시설은 제외한다)을 말한다. 다만, 선하역사(시설이 선로 아래 설치되는 역사를 말한다)의 선로구간은 연속되는 교량시설물에 포함하고, 지하역사의 선로구간은 연속되는 터널시설물에 포함한다.
16. 하천시설물이 행정구역 경계에 있는 경우 상위 행정구역에 위치한 것으로 한다.
17. "포용조수량"이란 최고 만조(滿潮) 시 간척지에 유입될 조수(潮水)의 양을 말한다.
18. "방조제"란 「공유수면 관리 및 매립에 관한 법률」 제37조, 「농어촌정비법」 제2조제6호, 「방조제 관리법」 제2조제1호 및 「산업입지 및 개발에 관한 법률」 제20조제1항에 따라 설치한 방조제를 말한다.
19. 하천의 "통관"이란 제방을 관통하여 설치한 원형 단면의 문짝을 가진 구조물을 말한다.
20. 하천의 "다기능 보"란 용수 확보, 소수력 발전이나 도로(하천을 횡단하는 것으로 한정한다) 등 두 가지 이상의 기능을 갖는 보를 말한다.
21. 위 표 제7호의 상하수도의 광역상수도, 공업용수도 및 지방상수도에는 수원지시설, 도수관로·송수관로(터널을 포함한다) 및 취수시설을 포함하고, 정수장, 취수·가압펌프장, 배수지, 배수관로 및 급수시설은 제외한다.

EPILOGUE

중대재해 처벌 등에 관한 법률 시행령 [별표 4]

과태료의 부과기준(제7조 관련)

1. 일반기준

가. 위반행위의 횟수에 따른 과태료의 가중된 부과기준은 최근 1년간 같은 위반행위로 과태료 부과처분을 받은 경우에 적용한다. 이 경우 기간의 계산은 위반행위에 대해 과태료 부과처분을 받은 날과 그 처분 후 다시 같은 위반행위를 하여 적발된 날을 기준으로 한다.

나. 가목에 따라 가중된 부과처분을 하는 경우 가중처분의 적용 차수는 그 위반행위 전 부과처분 차수(가목에 따른 기간 내에 과태료 부과처분이 둘 이상 있었던 경우에는 높은 차수를 말한다)의 다음 차수로 한다.

다. 부과권자는 다음의 어느 하나에 해당하는 경우에는 제3호의 개별기준에 따른 과태료(제2호에 따라 과태료 감경기준이 적용되는 사업 또는 사업장의 경우에는 같은 호에 따른 감경기준에 따라 산출한 금액을 말한다)의 2분의 1 범위에서 그 금액을 줄여 부과할 수 있다. 다만, 과태료를 체납하고 있는 위반행위자에 대해서는 그렇지 않다.

1) 위반행위자가 자연재해·화재 등으로 재산에 현저한 손실을 입었거나 사업여건의 악화로 사업이 중대한 위기에 처하는 등의 사정이 있는 경우
2) 위반행위가 사소한 부주의나 오류로 인한 것으로 인정되는 경우
3) 위반행위자가 법 위반상태를 시정하거나 해소하기 위해 노력한 것이 인정되는 경우
4) 그 밖에 위반행위의 정도, 위반행위의 동기와 그 결과 등을 고려하여 과태료 금액을 줄일 필요가 있다고 인정되는 경우

2. 사업·사업장의 규모나 공사 규모에 따른 과태료 감경기준

상시근로자 수가 50명 미만인 사업 또는 사업장이거나 공사금액이 50억원 미만인 건설공사의 사업 또는 사업장인 경우에는 제3호의 개별기준에도 불구하고 그 과태료의 2분의 1 범위에서 감경할 수 있다.

3. 개별기준

위반행위	근거 법조문	과태료		
		1차 위반	2차 위반	3차 이상 위반
법 제8조제1항을 위반하여 경영책임자등이 안전보건교육을 정당한 사유 없이 이행하지 않은 경우	법 제8조제2항	1천만원	3천만원	5천만원

제8조제3호에 따른 조치 대상 원료 또는 제조물(제8조제3호 관련)

1. 「고압가스 안전관리법」 제28조제2항제13호의 독성가스
2. 「농약관리법」 제2조제1호, 제1호의2, 제3호 및 제3호의2의 농약, 천연식물보호제, 원제(原劑) 및 농약활용기자재
3. 「마약류 관리에 관한 법률」 제2조제1호의 마약류
4. 「비료관리법」 제2조제2호 및 제3호의 보통비료 및 부산물비료
5. 「생활화학제품 및 살생물제의 안전관리에 관한 법률」 제3조제7호 및 제8호의 살생물물질 및 살생물제품
6. 「식품위생법」 제2조제1호, 제2호, 제4호 및 제5호의 식품, 식품첨가물, 기구 및 용기·포장
7. 「약사법」 제2조제4호의 의약품, 같은 조 제7호의 의약외품(醫藥外品) 및 같은 법 제85조제1항의 동물용 의약품·의약외품
8. 「원자력안전법」 제2조제5호의 방사성물질
9. 「의료기기법」 제2조제1항의 의료기기
10. 「총포·도검·화약류 등의 안전관리에 관한 법률」 제2조제3항의 화약류
11. 「화학물질관리법」 제2조제7호의 유해화학물질
12. 그 밖에 제1호부터 제11호까지의 규정에 준하는 것으로서 관계 중앙행정기관의 장이 정하여 고시하는 생명·신체에 해로운 원료 또는 제조물

〈궁금한 중대재해처벌법〉을 만든 스페셜리스트

광장 변호사

강세영 변호사
☏ +82-2-772-4512 ⓔ seyoung.kang@leeko.com

2020 UCLA School of Law 석사 (LL.M)
2019 KAIST 미래전략대학원(MIP) 석사(경영학)
2012 건국대학교 법학전문대학원 석사
2009 연세대학교 화학공학과 학사
주요 업무분야 : 인사·노무, 산업안전·중대재해, 환경, 인사·노무 소송, 기업자문, 기업인수합병, 형사(재판)

김민석 변호사
☏ +82-2-6386-0766 ⓔ minseok.kim@leeko.com

변호사시험 9회 (2020)
서울대학교 (경제학 학사, 2017)
연세대학교 법학전문대학원 (법학전문석사, 2020)
법무법인(유) 광장(Lee & Ko) (2021-현재)
법무법인(유) 동인 (2020-2021)
주요 업무분야 : 환경, 산업안전·중대재해, ESG, 에너지·자원

김윤승 변호사
☏ +82-2-6386-7909 ⓔ yunsung.kim@leeko.com

변호사시험 8회 (2019)
KAIST (건설 및 환경 학사, 1996)
KAIST (건설 및 환경 석사, 1998)
MIT (Geotechnical & Geoenvironmental eng. 박사, 2005)
이화여자대학교 법학전문대학원 (법학전문석사, 2019)
법무법인(유) 광장(Lee & Ko) (2021-현재)
한국환경정책·평가연구원 부연구위원 (2011-2016)
GZA GeoEnvironmental, Inc. Technical Specialist (2005-2010)
주요 업무분야 : 환경, 산업안전·중대재해, ESG

김지영 변호사
☏ +82-2-6386-7807 ⓔ jiyoung.kim@leeko.com

2019-현재 법무법인(유) 광장(Lee & Ko)
2019 제8회 변호사시험 합격
2019 성균관대학교 법학전문대학원
2016 성균관대학교 글로벌리더학부 정책학 학사
주요 업무분야 : 환경, 산업안전·중대재해, ESG, 에너지·자원, 기업자문, 일본, 외국인투자, 해외투자

박설빈 변호사
☏ +82-2-6386-0767 ⓔ seyoung.kang@leeko.com

변호사시험 9회 (2020)
University of California, Los Angeles (언어학 학사, 2013)
이화여자대학교 법학전문대학원 (법학전문석사, 2020)
법무법인(유) 광장(Lee & Ko) (2021-현재)
주요 업무분야 : 환경, 산업안전·중대재해, ESG, 에너지·자원

배재덕 변호사
☏ +82-2-772-5960 ⓔ jaedeog.bae@leeko.com

법무법인(유) 광장(2014~현재)
사법시험 36회(1994), 사법연수원 26기(1997)
부산대 법학과(법학사, 1992)
부산대 법학전문대학원(법석사, 1994)
서울지방검찰청 동부지청 검사(1997)
창원지방검찰청 진주지청 검사(1999)
부산지방검찰청 동부지청 검사(2001)
대구지검 검사(2003)
법무부 보호과 검사(2005)
서울중앙지방검찰청 특수1부, 형사2부 검사(2007-2009)
수원지방검찰청 특수부 부부장검사(2009)
수원지방검찰청 여주지청 부장검사(2010)
광주지방검찰청 장흥지청장(2011)
대구지방검찰청 강력부장검사(2012)
대검찰청 형사1과장(2013)
주요 업무분야 : 형사(수사), 형사(재판), 금융, 환경·안전

설동근 변호사
☏ +82-2-772-4881   ✉ tks@leeko.com

법무법인 광장(2010~현재)
사법시험 40회 사법연수원 30기
환경법학회 이사(현)
환경부 고문변호사(2012~2017)
서울지방변호사회 환경보전특별위원회 간사(현)
Who's Who Legal 2017-2021 Leading Lawyer (환경법)
주요 업무분야 : 환경, 산업안전·중대재해, 에너지·자원,
행정소송(심판), 인사·노무, 기업인수합병, ESG

신인재 수석전문위원
☏ +82-2-6386-7984   ✉ injae.shin@leeko.com

법무법인 광장(2021~현재)
산업안전보건공단 산업안전보건교육원 원장(2017~2020)
대전지방고용노동청 보령지청장(부이사관)(2014~2016)
서울지방고용노동청 산재예방지도과장(2013~2014)
산업안전국 기술서기관(2009~2013)
노동부 근로감독관, 산업안전과장(1988~2009)
주요 업무분야 : 산업안전·중대재해, ESG

엄윤령 변호사
☏ +82-2-6386-6258   ✉ yoonryung.eom@leeko.com

법무법인 광장(2019~현재)
법무법인 충정(2016~2019)
제5회 변호사시험 합격(2016)
연세대학교 법학전문대학원(2016)
포항공과대학교 물리학 학사(2010)
주요 업무분야 : 환경, 산업안전·중대재해, 에너지·자원, ESG

장한결 변호사
☏ +82-2-6386-7872   ✉ hankyeol.jang@leeko.com

법무법인(유) 광장(2019~현재)
변호사시험 7회(2018)
서울대학교(법학 학사, 2015)
서울대학교 법학전문대학원(법학전문석사, 2018)
주요 업무분야 : 환경, 산업안전·중대재해, 에너지·자원, ESG,
형사(수사), 형사(재판), 행정소송(심판)

정원진 변호사
☏ +82-2-772-5923   ✉ wjj@leeko.com

법무법인(유) 광장 (2013- 현재)
사법시험 37회(사법연수원 27기)
2021 (재)기후변화센터 아카데미 20기 수료
2009-2011 수도권매립지공사 전문위원
1998-2004 서울중앙, 남부지법, 춘천법원 판사
주요 업무분야 : 건설, 부동산, 형사(재판), 행정소송(심판), 환경,
가사소송소송, 기업자문, 기업인수합병, 형사(재판)

조혜인 변호사
☏ +82-2-6386-6319   ✉ haein.cho@leeko.com

법무법인(유) 광장(2017~현재)
변호사시험 4회(2015)
서울대학교(법학 학사, 2012)
서울대학교 법학전문대학원(법학전문석사, 2015)
서울대학교 법과대학 박사과정 수료(환경법 전공) (2021)
주요 업무분야 : 환경, 산업안전·중대재해, 에너지·자원,
 ESG, 금융

한국경제신문

송종현 한국경제신문 지식사회부장

최진석 한국경제신문 지식사회부 법조팀장

광장 변호사들이 알려주는
궁금한 중대재해처벌법

펴낸 날	초판 1쇄 발행 2021년 12월 15일 5쇄 발행 2022년 1월 25일
발행인	김정호
편집인	유근석
펴낸 곳	한국경제신문
편집 총괄	송종현
기획·제작 총괄	이선정
편집	이진이·강은영·윤제나·이다희
글	배재덕·정원진·설동근·강세영·엄윤령·장한결·조혜인 김지영·김윤승·김민석·박설빈·신인재
디자인	박명규·송영·배자영·권지혜·천지영
판매·유통	정갑철·선상헌
인쇄	Books 북스
등록	제 2006-000008호
주소	서울시 중구 청파로 463 한국경제신문
구입문의	02-360-4859
홈페이지	www.hankyung.com

값 18,000원
ISBN | 979-11-85272-74-0(93360)

〈궁금한 중대재해처벌법〉은 법무법인 광장 변호사들이
2022년 1월 27일 시행되는 중대재해처벌법에 대한 이해를 높이기 위해 펴낸 해설서입니다.

● 잘못 인쇄된 책은 구입하신 곳에서 교환해드립니다.
● 이 책은 저작권법에 따라 보호받는 저작물이므로 무단 전재와 복제를 금합니다.

한경 MOOK

'세상을 보는 눈'
한경무크 베스트셀러 시리즈

중대재해처벌법
알기 쉽게 정리한
중대재해처벌법 A to Z

메타버스 2022
단숨에 읽는
메타버스 트렌드북

CES 2022
한경 X KAIST 특별취재단이
소개하는 IT·가전 메가트렌드

궁금한 상속·증여
상속·증여
완벽 가이드!

ESG의 모든 것
ESG 개념부터
실무까지 챙긴 기업 필독서

월간 한경ESG
지속 가능 성장 돕는
ESG 경영·투자 매거진

한경 MOOK

궁금한 AI와 법
Q&A로 설명한
AI 시대 법률 안내서

AI 스타트업 100
창업 배경부터 핵심 기술까지
국내 AI 스타트업 집중 분석

똑똑한 주식투자
한 권으로 투자 기초부터
종목 발굴까지

슬기로운 주식생활
기초부터 다지는
내 아이 투자왕 만들기

해외 명품주식 50선
8대 증권사 추천
해외 주식 투자 가이드북

베트남 최신 노동법령
반드시 알아야 할
베트남 노동법

인더스트리 2022
업종 분석부터 미래 전망까지
No.1 산업 트렌드 전망서

요즘 뜨는 막걸리
MZ세대가 열광하는
막걸리 이야기

요즘 환경 브랜드
빅데이터로 분석한
환경 브랜드 100